大科学家的小故事

李四光

马晓荣 编

苏州大学出版社
Soochow University Press

图书在版编目(CIP)数据

李四光/马晓荣编. —苏州：苏州大学出版社，2015.2
(大科学家的小故事/王建成，吴文智主编)
ISBN 978-7-5672-1236-7

Ⅰ.①李… Ⅱ.①马… Ⅲ.①李四光(1889～1971)—生平事迹—青少年读物 Ⅳ.①K826.14—49

中国版本图书馆 CIP 数据核字(2015)第 034522 号

李四光

大科学家的小故事

编　　者　马晓荣
丛书策划　李寿春
责任编辑　刘一霖
装帧设计　刘　俊
出版发行　苏州大学出版社
地　　址　苏州市十梓街 1 号
邮　　编　215006
电　　话　0512-65225020　65222617(传真)
网　　址　http://www.sudapress.com
印　　刷　南通印刷总厂有限公司
开　　本　850 mm×1 168 mm　1/32　印张 5.875　字数 89 千
版　　次　2015 年 2 月第 1 版　2015 年 2 月第 1 次印刷
书　　号　ISBN 978-7-5672-1236-7
定　　价　14.00 元

序……

人类社会进入到二十一世纪，科学技术日新月异。那些在过去常常被人们视作不可能的梦想，今天大多成了现实。网络技术的日益成熟更使人们对科学的无限创造力不再有丝毫的怀疑，更加对那些在科学创新的崎岖道路上不畏艰难、勇于攀登的先人们怀有深深的敬意。试想，如果不是瓦特发明了蒸汽机，我们的交通、我们的工业就不会有今天的发展；如果没有爱迪生发明的电灯，我们的夜晚肯定没有如今的五彩缤纷。

勒格罗博士在法布尔的传记《敬畏生命》一书中指出，每一个时代总是会有那么一些具有特殊才能的人，以他们不朽的贡献在人类进步的过程中留下值得纪念的一笔。特别是那些在某些领域里开拓出新的境界的人，更加值得我们怀念。对于他们这样的人杰，单单只是抱着一种敬仰的态度显然是不够的。如果能够将人们对他们的怀念虔诚地搜集起来，无疑可以对后世起到一种教育和楷模的作用。

这些著名科学家生活在不同的年代，奋斗在不同的科研领域，经历过成功的喜悦，也遭受过失败的痛苦，最终，他们的研究促进了人类社会的进步，赢得了历史的认可。因此,在后人的眼中,他们往往是传奇般的英雄。他们总是废寝忘食地工作在远离人间烟火的实验室里,做事一板一眼,仿佛与风趣幽默沾不上边。

确实,科学是严谨的、深奥的,科学家是寂寞的,和科学家们打交道最多的是实验室以及实验数据。他们背景迥异,性格不同,却无一不具备细致入微的观察力、坚韧不拔的毅力、无比深邃的科学思想、可歌可泣的奉献精神。他们就像神探福尔摩斯一样,在大自然的蛛丝马迹中探寻人类未知的宇宙天地间的奥密。他们发明和发现的道路如同原始森林中的崎岖小径,跌宕起伏,丰富多彩。从书中一个个生动的故事为我们破解了一位位科学巨人成功的奥秘。从这个意义上说,科学家的生活又是迷人的。

华罗庚学习起来非常刻苦和努力,每天他都能够坚持自学十几个小时以上,有的时候,一天只睡四个小时的觉。寒冬腊月天,屋子里寒气逼人,手脚冻得冰冷发僵,连写字的砚台都被冻住了,他就把砚台放在脚炉上,一边磨墨,一边用毛笔蘸着墨汁做习题。

小仲揆(李四光的小名)从小很勤劳,懂得为家庭分担困难。他常常帮着妈妈打柴、舂米、推磨、扫地、提水、放羊、割草等,几乎样样事情都能干。他成了妈妈的好帮手。他用小提桶帮妈妈提水，让水缸里的水总是满满的；他带着扒子上山去搂树叶，让灶堂底下的柴禾总是堆得高高的。

丰富多彩的大学生活开始了，钱伟长也开始了人生中的另一个重要阶段。博学的老师，教育理念的先进和个性化，融洽的师生关系，多彩的大学生活……这一切成了钱伟长一生中的重要财富。

钱学森兴趣广泛，除了主修的理科，还痴迷于许多人文学科。当时的北师大附中开设了许多的选修课：音乐、绘画、文学、诗歌……钱学森带着强烈的求知欲望、浓厚的学习兴趣在师大附中这片充满生机的知识海洋中遨游，为自己未来的科学研究事业和精彩人生奠定了坚实的人生基石。

为了全面掌握气象科学方面的知识，竺可桢攻读了和气象相关的十多门课程。课后，他又到一家又一家的书店里去寻找和气象学、地理学相关的书籍，买回了一大堆书。别的留学生参加各种聚会、运动会、演讲会，竺可桢就一个人在图书馆读书。在哈佛的这一年，时间过得特别快，竺可桢学到的知识也特别丰富，他确定了自己的科学目标。

……

这是一套引人入胜、让读者受益无穷的丛书，在轻

松的故事叙述中阐释深刻的哲理，引导青少年步入科学殿堂。丛书不仅介绍了科学家的人格、所处的社会和时代、思想历程，还阐述了科学家的科学发现与技术发明的基本知识及其意义，引导青少年正确认识科学研究的过程、方法和基本原则。同时，考虑到丛书面向的是青少年读者群，编写者有意跳过了那些深奥难懂的技术细节，在对这些大科学家别样人生的讲述中，注重诠释科学精神，展现大家风采，激励读者登攀科学高峰。

本丛书是科学与人文相融合的结晶，旨在为广大青少年读者的健康成长提供精神食粮，是助益青少年起跑与腾飞的健康加油站。

目录 Contents

5 拳拳赤子心

6 新中国新征程

7 李四光和他的家人

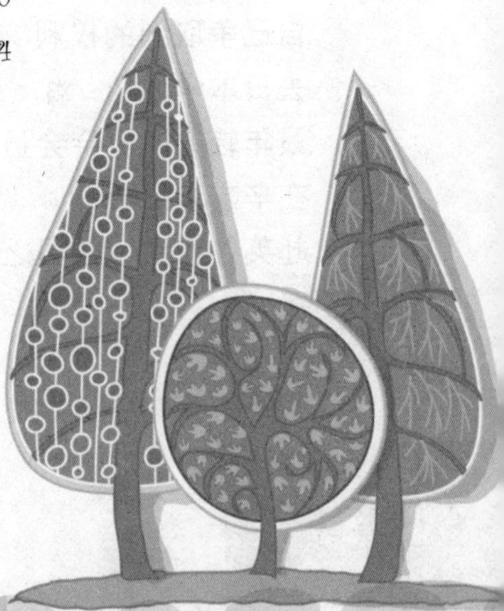

从农村飞出来的凤凰

真理，哪怕只见到一线，我们也不能让它的光辉变得暗淡。

穷人的孩子早当家

1915 年，美孚石油公司投资 300 万美元，在我国西部打了 7 口井而一无所获，因此美国斯坦福大学的布莱克威尔教授断言：中国绝对不能产生大量的石油。此后，欧美地质权威根据海相沉积的理论断言中国不会有石油，从那时起中国就一直被扣上“贫油”的帽子。

李四光，这位独具慧眼的科学家，他不相信这个断言，反而反唇相讥：美孚的失败并不能证明中国真的无油可采。他敢于向欧美地质权威挑战，坚信在我国一定能找到大油田。正是在这种自信心的支配下，李四光开始了长达 30 年的找油生涯。运用他所创立的地质力学理论，指导地质勘探队在人迹罕至的茫茫荒原辛勤工作，终于在 1959 年发现了大庆油田，为开发祖国的地下宝藏做出了卓越的贡献。从此，我国石油基本能够自给，一改完全依赖进口的局面。

李四光之所以能够取得这么大的成就，和他一贯严谨认真的学习习惯是分不开的。李四光在学习上有三个显著特点：第一，注重把基础打好；第二，注重实践；第三注重外语学习。为了能够打个好基础,他在学习上从不投机取巧,也不怕遇到任何困难,往往一学就到天亮。李四光能在地质科学领域取得丰硕的成果,完全得益于他年轻时打下的扎实基础。他创立的地质理论,给了“中国贫油论”以有力的回击。在他的指导下,我们不仅找到了石油,还找到了地下水、地热、金刚石、大型钨体矿等,在地震预报方面也取得了很大的突破。李四光为我国的经济建设做出了巨大的贡献。科学家李四光为何能取得如此巨大的成就?让我们共同去体验著名科学家李四光这一生走过的路。

今天,我们新中国的少年儿童们像一株株破土而出的幼苗,得到温暖阳光的普照和甘甜雨露的滋润,在祖国的沃土上茁壮成长。然而,从旧中国走过来的老一辈,当回忆起他们的童年时,则往往是一番别样景象。老一辈们在帝国主义、封建主义、官僚资本主义三座大山的压迫下,过着颠沛流离、食不果腹的生活,经常挣扎在死亡的边缘。

19 世纪末 20 世纪初期,正是我国进入大变动的时代。帝国主义列强的侵略和当时清政府的腐败无能,把中国一步一步推进了受宰割、受凌辱的深渊。国难当头,这一切给童年的李四光心里打下了深深的烙印,激起年少的他强烈的爱国热情。随着中国反帝、反封建斗争浪潮的日益高涨,年轻的李四光加入了孙中山先生发起的同盟会，参加了伟大的辛亥革命，从一个农村的穷孩子成长为一个爱国的民主主义者。之后，他赴英学习地质学，寻求“科学救国”之路。

1889年10月26日，我国著名的科学家李四光出生在湖北省黄冈县回龙山镇的一个叫下张家湾的小村庄。黄冈紧靠长江北岸，这里山川秀丽，人杰地灵，是历代州府所在地，史称黄州。当年苏轼被贬到这里，留下了“大江东去，浪淘尽，千古风流人物”的词句。当年太平天国从广西崛起，如海浪般迅速推进到长江流域，曾六进黄冈。太平军英勇奋战的事迹，给这里的人们带来了深刻的影响。李四光就在这片土地上开始了他的童年。

李四光的祖父是蒙古人，叫库里。至于他何时落户到此，现在已无从考证。

李四光的父亲叫李卓侯，是个私塾先生。因为儿子排行老二，李卓侯给李四光起了个名字：李仲揆。

童年时代的仲揆家庭生活是非常艰辛的。他上面有个哥哥伯涵，在他之后，又添了两个弟弟叔和、季寿，两个妹妹希白、希贤。除了三亩薄田外，一家数口仅靠父亲办私塾收缴学生的一点学费来勉强维持，如果遇上灾荒年，私塾的学生少了，就有断粮断炊的危险，不得已时也只好从当地的地主家里借高利息的谷子。所以，仲揆的母亲也经常纺线织布，换些零用钱。特别是仲揆的父亲为人耿直，爱打抱不平，曾经因与黄冈的革命党人有来往被迫逃离家乡，去南京躲了一年多，家庭生活就更加艰难。

穷人的孩子早当家。小仲揆从小很勤劳，懂得为家庭分担困难。他常常帮着妈妈打柴、舂米、推磨、扫地、提水、放羊、割草等，几乎样样事情都能干。他成了妈妈的好帮手。他用小提桶帮妈妈提水，让水缸里的水总是满满的；他带着耙子上山去搂树叶，让灶膛底下的柴禾总是堆得高高的。

舂米是一件很费力的活，得用脚踩着踏板，一杵一杵朝着石碓里杵下去，使稻谷的皮一点点退光而成为白米。小仲揆看到妈妈舂米很累，就主动帮妈妈舂米。当时还不到10岁的他，体重轻，力气小，怎么踩得动那又厚又笨、还绑着一个大石杵的踏板呢？但小仲揆并不泄气，懂事的他还是个聪明的孩子，他找到一根绳子，用绳子绑在石杵那一头的踏板上，脚往下踩动踏板的时候，同时用手使劲拉一下那根绳子，就能把石杵踩起来了。就这样，小仲揆连踩带拉，手脚一齐使劲，虽然速度不快，却一杵一杵帮助妈妈把稻谷舂成了白米。

秋后，小仲揆跟着大家一同到离家比较远的一口公塘里踩藕。那又白又嫩的藕埋藏在枯萎的荷叶底下深深的烂泥里面。完整地将藕挖出来难度很大。但就是这样又白又嫩的藕,总是一节节很完整地被小仲揆从烂泥里踩出来;而随行的小伙伴们嘻嘻哈哈地在塘里闹腾半天,溅了一身烂泥,却只能拎着一节半节的断藕回家。

“仲揆,怎么塘里的藕也全都被你碰上了,你怎么踩得这么好呢?”回家的路上,小伙伴叽叽喳喳地问他,都充满了羡慕的眼神。

小仲揆反问他们说:“你们是怎么踩的呢?我是顺着荷叶先踩到藕,再用脚细心地分出藕路,顺着它们生长的方向,一脚一脚,一点一点地把泥踩去,让藕露出来,小心别在藕节的地方把藕踩断,否则,再想找到就费事了。”

孩子们又嘻嘻地笑开了:“这藕都怎么长在泥里面的?看不见,又摸不着的。我们就用脚在烂泥里踩呀,踹呀,东一脚,西一脚,有时好像踩着了,再踩一脚,又找不到了……”

村里的大人们把这一切都看在眼里,谁家的孩子勤快,谁家的孩子心灵手巧,他们都清清楚楚。四周的邻居都经常在仲揆的妈妈面前夸奖他年纪这么小,就心思细密。

小仲揆在学习上也非常能吃苦。虽然家境贫寒,但是,李卓侯交代小仲揆的妈妈,宁可家里少吃点油,每天晚上也要给孩子们一盏灯油，让他们可以在晚上读书。那个年代农村已经有煤油灯了，不过不是带灯罩的，只有一根灯芯儿，插在一根铁皮管盖上，就着瓶里的煤油燃烧着。这种灯，冒出来的火焰都是红红的，而且带着一股又黑又难闻的煤烟，火花一闪一闪的，飘忽不定，时间稍微长一点儿，就会熏得人鼻孔里和牙齿上都是一层黑，弄得脑袋疼，眼睛也累。父亲怕把孩子们熏坏了，特地关照要给孩子点清油灯。清油灯要比煤油灯强多了，它灯光清亮，轻烟不起，也没有什么怪味。一到晚上，小仲揆就和哥哥面对面坐在一张桌子跟前。他先看看油盏里的灯芯，如果发现妈妈在里面放了两根灯芯，就轻轻拨去一根，只剩下一根。

"就点两根灯芯吧，孩子。"妈妈说，"这是你爸爸关照过的，别省这点儿油了。"

"妈妈，点一根灯芯，这样我们可以多学一倍的时间。哥哥，对吧？"

"挺好的，其实也差不多一般亮。"哥哥说。

妈妈也就不再勉强了。小仲揆和他的哥哥就这样默默地读呀、写呀，谁也不打扰谁，一直坚持到灯盏里的油点完。

妈妈就坐在他们的桌子旁边，借着这一根灯芯所发出来的亮光摇着她的纺车。晚上纺点纱线，还能换得几个零钱，好买点火柴、油盐，也给孩子们买点读书用的笔墨纸张。

就这样，小仲揆在农村生活了将近 14 个年头。艰苦的生活练就了他艰苦奋斗的精神和倔强的性格。家庭的种种苦楚，深深埋藏在小仲揆的心底。正如后来他自己所说："每忆及父母在世情况，辄僵坐不欲出一言。人惊而问之，则支吾其词以告，是在所不忍言者矣。"

中国有句俗话"三岁看老"。童年时代的仲揆就懂得为贫困的家庭分担，他爱动脑筋、心灵手巧，这一切为他未来迈向成功打下了基础。

多做善事

小仲揆从小生活在农村，那时候，正是满清王朝统治的后期，农村十分贫穷落后，农民都是吃不饱、穿不暖，要是碰上荒年，就经常有人被活活饿死、冻死。农村的生活，使李四光同穷苦的农民建立了很深的感情，在他幼小的心灵里，播下了善良的种子。

那是在他八九岁时一个冬天的深夜，刚刚过完一个热热闹闹的元宵节，睡到半夜，突然听到隔壁邻居的惊呼声。

“起火了，起火了！大家快来救火啊！”

听到呼救声，李四光不见了，妈妈急得到处找他。原来李四光从家里拿了一只木桶，跟着大人去救火了。

原来是隔壁一个老婆婆家里的火冲破了房顶——她的孙子白天玩鞭炮，一个炮仗落到了柴草垛里，当时没有在意，半夜里慢慢起火了。

浓烟大火就发生在隔壁，农村里谁家不是木头架子草棚的顶，怎么能不惊慌呢！大家急急忙忙，有的往外搬东西，有的赶紧挑水救火。

经过七手八脚的抢救，火熄灭了。人们渐渐散去，情绪也逐渐稳定下来。妈妈这才看到，小仲揆也走出来了。只见他脸上左一块右一块的黑灰，鞋子也湿透了，衣服上全是泥，手里拎着一只小木桶，桶里放着一只瓢。

“孩子，你上哪儿了？你也去救火了吗？”妈妈惊呼着。小仲揆点点头。

妈妈赶紧把他拉到自己身边，摸着额头上被火焰燎焦了的头发，心疼地说：“孩子，你还不到 10 岁，比桶也高不了多少，怎么能去救火啊！”

“我从池塘里提半桶水，顺着搭在房后的梯子爬到房顶上去，用瓢一瓢一瓢地往上面泼水。泼完了，我再去提一桶水。”小仲揆说。

“嗨！真难为这孩子了，他怎么拎得动这么重一桶水啊！”

“他怎么爬得上那么高的梯子啊！”

当邻居的大人们正在夸奖小仲揆的时候，他却溜走了。他看到那位从大火里被救出来的老婆婆没有来得及穿棉衣，此时正围着一床烧破了的旧棉被坐在那里，冻得浑身发抖。小仲揆走到自己的妈妈跟前，轻轻地对妈妈说：“妈妈，那位老婆婆没穿棉衣，你给她几件衣服吧！”

妈妈看着这个懂事的孩子，从不多的衣服当中，找了几件可以御寒的衣服递给小仲揆。他抱着这几件衣服，赶紧跑到老婆婆那儿去了。

小仲揆的这些善举，村里人都看在眼里、记在心里，他们被小仲揆感动着。

在父亲的私塾里念书的一天晚上，入睡以后，小仲揆在朦胧中仿佛感到有人在拉他的衣服，但并没有在意。可是睡在他身旁的同学被惊醒了，原来有小偷来偷盖在他们被子上的衣服。

同学们赶紧爬了起来去抓这个小偷，不一会儿，小偷被抓回来了。小偷衣衫褴褛，被反扭着双手，并且显然已经挨了打，鼻青脸肿的。大家把他吊到了树上。有人还在叫着："非得打他一顿不可！"

仲揆在吵吵嚷嚷中却转身走进了课堂，只见他端出来了一张凳子。

"他这是想干什么？"有的同学问。

仲揆不声不响地将凳子放在被反吊在树上的小偷的脚下，使他不至于悬空晃荡着。

这下子那些叫绑叫打的人泄了气，渐渐散开了。

小仲揆把绑着小偷的绳子解了开来，放他自由，然后诚恳又认真地对他说："你莫要做坏事，做了坏事，人家就要打你；你要多做善事，别人才会对你好。”

小偷的眼眶里泪如泉涌，向小仲揆深深鞠了个躬，就跑了。

那些爱打闹的学生感到十分扫兴，大家都抱怨仲揆说：“他偷人家的东西，而且还想偷你的东西，你还去帮他。”

小仲揆并没有申辩。

也有人好奇地问小仲揆说：“那时你为什么要这样做呢？”

“我看见他穿得那么破，又那么瘦弱，被反吊着，还挨打，太可怜了，心里不忍。”小仲揆天真地回答。

“你放了他，他会到别处去偷东西的，不教训他一顿，他怎么能悔改呢。”

小仲揆和善地回答说：“人总是希望能够像人一样地生活。要不是为生活所迫，我想他也许不会走这条路。我相信他以后会做一个好人。”

懂得帮助弱小，是一种高尚的品德。一个人要想长大后获得成功，从小就要有一颗善良的心。

石头情缘

听祖父讲故事是小仲揆幼年时期最喜欢的一件事情。这时的祖父已卧病在床,但他十分宠爱这个孙儿。小仲揆最喜欢听祖父讲当地流行的太平军在黄冈的斗争事迹。每听过一遍,他就能把故事的情节记得清楚,还能有声有色地讲给别人听。

小仲揆 5 岁时,祖父病逝了。这一年,正是 1894 年,中日甲午战争爆发。就在这一年,小仲揆跟着同村一位叫陈二爹的老先生念书。父亲让他这么早就读书,也是抱着"早发蒙、早出息"的希望。他学习很用心,每天从早到晚,朗读、背诵、练字、作文,忙个不停。他从不贪玩,先生不在的时候,依然很自觉地学习,而不像其他孩子一样,爬桌子,踩凳子,闹翻了天。因此,他经常得到陈二爹的夸奖。过了一年,小仲揆就转到父亲李卓侯的私塾学习去了。

小仲揆特别喜欢动脑筋、问问题。有一次,父亲出去办事,私塾里的孩子们就开始闹腾了,他们玩起了捉迷藏。正在看书的小仲揆很生气,大声地制止他们,但是没有人理会他。万般无奈下，他跑到外面的草地上，捂着耳朵看书。这时，他看到村头的一块特别大的石头，就产生了这样的疑问：这石头是怎么来的呢？为什么周围没有这种石头呢？难道是从地下长出来的吗？百思不得其解的小仲揆放下书，从家里拿来锄头，开始在大石头的下面挖呀挖，可是什么都没有挖着。

他的这一举动吸引了在旁边玩耍的小伙伴们。他们纷纷围了上来。

“仲揆哥，你在挖什么呀？”

“你们知道这块石头是哪里来的么？”

“不知道啊。”小伙伴们看看石头，无趣地离开了。只有小仲揆还在那里沉思。

小仲揆又去问启蒙先生陈二爹，陈二爹是村里有名的见多识广的老人。

“先生，您说村头那块石头，它是从哪里来的呢？”

“啊！你说的是那块怪石？”陈二爹说，“别人都说，它是从天上掉下来的。”

这下子让小仲揆摸不着头脑了，天上还能掉下石头来，太不可思议了。他又去问爸爸：“爸爸，那块石头是天上掉下来的，你说，那是真的吗？”

“天上落下石头来?”父亲想了一想说,“那倒也会有的。天上的流星落到地上,就变成了石头,那叫‘陨石’。”

“那块石头究竟是不是天上落下来的呢?”小仲揆非得打破砂锅问到底。

“至于天上能不能掉下这么大的石头来,”父亲又想了一想说,“我也不知道。”

还是没能得到满意的回答,小仲揆感到不满足了。“反正,照我看,它不是本来就在这儿的。就是弄不清它到底是怎么来的。”

在小仲揆的整个少年时代,直到后来离开了故乡回龙山,也一直没有找到这个问题的答案。

这块石头一直埋藏在李四光的心底。他始终没有放弃,从那以后,他就对石头特别感兴趣,遇到石头,就倍感亲切。这件事也培养了他爱思考的好习惯。后来,李四光去英国学地质学,又到欧洲的阿尔卑斯山考察那儿的冰川。回国以后,1922 年,李四光在太行山麓的一次地质考察中,第一次发现了中国第四纪冰川存在的遗迹。这时,李四光才意识到,家乡那块大石头,也许是被冰川推移过来的一块大漂砾。一直到 1933 年,李四光再次回到故乡,对这块大石头进行了一番考察,经过多年的风化侵蚀,它已经变得斑斑驳驳,不过仍然能鉴定出它是片麻岩，说明它并不是天上掉下来的陨石。而在那一带地区的地层上并没有这种片麻岩，说明它也不是本来就存在在这儿的石头。那么，什么地方有片麻岩呢？秦岭！这块巨大的岩石可能来自秦岭。

如果这是事实，那么，究竟是什么力量将这么巨大的岩石推移到这么远的地方来的呢？

冰川！只有冰川能将它推移到这儿来，它是一块巨大的冰川漂砾。进一步考察发现，这一带都广泛地分布着冰川带来的砾石和黏土堆积物。李四光发现了我国扬子江流域广泛存在着第四纪冰川的遗迹。他专门写了一篇《扬子江流域之第四纪冰期》的论文。这时，李四光已经步入中年。在这篇论文中，李四光特地提到了他在幼年发现的那块突兀的大石头，并且对这个困扰他长达四分之一世纪的问题终于找到了满意的解释和科学的答案而表示欣慰。由此可见童年时代的疑团对于一位科学家的重要性。

要想发现问题，就要善于观察，从平常的小事中看到别人没有发现的细节。李四光从小就长了一双慧眼，并仔细观察着这个世界，找寻这个世界的秘密，所以经常会有意外的发现。

我要学造船

小仲揆的父亲是个思想比较开明的人，他不但教孩子们读书，还教孩子们学会做人。有一年冬天，小仲揆正在围着火炉背书，父亲走过来问他读书是为了什么。

仲揆想了想，认真地说：“我以后要考进士、状元，当大官，为穷人们做点事。”

“为穷人做事固然好，但你只能救济一方，却救不了天下所有的穷人。”父亲听后笑着说。

小仲揆沉思着，没有言语。父亲问他是否知道甲午中日海战，中国在甲午海战中为什么会输掉。

“那是因为中国的船队不如日本。”

“是的，政府无能，不积极应战，我们的海舰不如人家，所以失败。仲揆，你长大了，一定要学点真本事，为国家出力才是。”

“爸爸，我长大了要造船，不让别国欺负咱们。”

小仲揆的回答让父亲感到很满意。与父亲的这番谈话使小仲揆第一次对未来有了一个明确的目标：要学会造船。

但船究竟是什么样的，处在穷山村的小仲揆还没有很直观的认识。

机会来了。有一天，小仲揆跟着父亲出了回龙山，来到镇上。那是一个不大的镇子，不繁华，也没有特别的吸引力，可是从镇边流过的汹涌澎湃的长江使小仲揆惊讶不已。长江滔滔不绝地流着，各种各样的船只在长江里行驶。有由人摇着橹慢吞吞前进的小木船，有张着帆走得比较快的大木船，最令人羡慕的就是那又高又大又长的大轮船了，它简直像一幢楼房在江面上航行，跑得快，装得多，上面还挂着五颜六色的旗子，十分漂亮。

"爸爸，那是什么船呀?"小仲揆指着大轮船问。

"孩子，那是轮船。"

"它是什么做的呀？那么大。"

"钢铁做的。"

"钢铁?"小仲揆问，"钢铁那么重，怎么能够浮在水上呢?"

"因为船舱里面是空心的，"爸爸回答，"这样船就不会沉了。"

"它不用人摇橹，又没有帆，怎么还跑得那么快呢?"

"它是轮船，靠机器开动。"

“机器怎么有力气去开动这么大的轮船呢?”

“看见那根大烟囱了吗? 瞧,它正冒着黑烟,那底下烧着煤,煤把机器里的水烧开,水变成蒸汽,就能推动机器前进。”

“烧煤就能推动机器?”小仲揆好奇地睁大了眼睛,聚精会神地看着向远方驶去的大轮船。

“呜——!”轮船鸣了一声长长的汽笛,吓得小仲揆赶紧用双手捂住自己的耳朵,同时又兴奋地大声对爸爸说:“爸爸,我听见它的叫声了,它的力气真大啊! 连叫声都那么吓人!”

回家的路上,小仲揆一直兴奋地和爸爸谈论着这种大轮船,这样的船真是太有意思了。突然,小仲揆说:“爸爸,我也要做一只铁船。”

“你会吗? 孩子。”

“我去试试。”

刚到家,小仲揆就忙活开了,他从街上向修壶的老爷爷要了一点铁皮回来,先在纸上画好图样,再比着在铁皮上用剪子把它剪下来,再用小锤敲敲打打,一艘两头翘起、中间有船舱、上面挂着小旗、还竖着一个大烟囱的铁皮船就做出来了。

接下来,小仲揆把它拿到小河边,小心地将它放到水里。

“它真的漂在水面上啦!”小仲揆兴奋地呼喊着,用手划动几下水,船还能顺着水流前进一段距离。

那个年代,孩子们根本还没有看过什么船模,小仲揆做的这件新玩意吸引了同村的很多小伙伴来看热闹。

还是小仲揆的老师陈二爹见多识广,他一面夸奖小仲揆做的这艘“轮船”真像在长江里航行的那种大轮船,一面鼓励说:“仲揆这孩子有志气,现在造小船,将来造大船!”

从那以后,小仲揆学习更加勤奋。每当休息的时候,他就动手做船。他常常跑到江边去看江上的船,还有外国人的货轮、军舰。回来后就仔细琢磨,反复修改。经过努力,他终于做出了各种各样的船:木船、帆船、篷船,还有铁皮做的小汽轮。同村的小伙伴们经常来玩仲揆做的船,并问他为什么做这么多船。他就把父亲讲给他的关于中日海战的事情告诉了伙伴们,并说他长大了要造最好的船,为中国争口气。

进城求学

太平天国运动之后，清朝统治集团内部分化出了主张中学为本、西学为用的洋务派。湖广总督张之洞是清末洋务派首领。他在湖北开矿办厂，振兴实业，同时设立新学堂，培养人才。这种新学堂，除继续教学生读经书外，还讲授一些科学知识。

1902 年 5 月，在张之洞的主持下，湖北省各地，特别是省城武昌，开始兴建大、中、小各种学堂，兴办新学的规模超过了全国其他地方。当时有一首学堂歌，里面有“湖北省，二百堂，武汉学生五千强”的说法。所有少年有志者，都愿意来武昌求学。当时武昌城里总共设了五所高等小学堂，分东路、西路、南路、北路和中路，统称五路高等小学堂。每个小学堂招收 100 名学生。入学条件有两个：一个是能够背诵一两部经书，大致能理解文章内容和词句方面的条理；二是年龄在 11 到 14 岁之间。

消息传到黄冈后，有着强烈求知欲的小仲揆也向父母提出了进城上学的要求。他刚满 12 周岁，符合武昌高等小学堂入学的年龄条件。父亲很支持他，从乡亲手里借来路费；母亲也支持他，特地将自己出嫁时的嫁衣给小仲揆改制了一件棉袍子。她将棉袄折好，又将几件已经缝补好的换洗衣服打成一个小包袱。

1902年冬的一天，小仲揆要离开家乡到武昌去求学了。这件事来得真是太突然了。前两天，仲揆从爸爸的学馆里回来，兴高采烈地对妈妈说："妈妈，我听城里回来的人说，两湖总督张之洞在武昌办了几个官费小学堂，那里教国文，教洋书，学得好的，还能出洋留学呐！爸爸让我上那儿考学去。"

"你到武昌去考学？"妈妈又惊讶，又为难地说，"钱呢？"

"妈妈，那是官费小学堂，不收学费，也不收饭费。"

"傻孩子，学堂不收费，连盘缠钱也不要吗？这笔钱又在哪里呢？"

"那——"小仲揆想了想，还是决心试一试，"我去找陈二爹借几个盘缠钱。"

母亲默默地同意了。陈二爹是李仲揆的启蒙先生，一向就喜爱这个好学的孩子，慨然借给了他。

妈妈叮嘱他说："孩子，这回你是独自一人去武昌求学，离家远，那儿又没有亲人，你要自己照顾自己，敬老师，爱学友，好好读书。"

“妈妈,我一定好好念书。”

告别了妈妈和家里的亲人,小仲揆背起一个小包袱,夹上一把旧雨伞,上了路。他,天庭饱满,鼻梁挺直,两只大眼晶莹闪亮,脑后梳着一条乌黑的大辫子。今天,他身穿蓝布衣袍,青布背心,脚下是母亲做的布袜和毛边布鞋。衣着虽然俭朴,却已是一位英俊的少年。

他走过家旁经常去浇水的菜地,经过常帮妈妈提水和钓鱼的池塘,穿过村上的那个小茶亭,踏上了通向回龙山街的崎岖小路。

东方露出了鱼肚色,蜿蜒起伏的回龙山在朦胧的晨曦中显得苍苍莽莽,耕地的农民已经把牛牵了出来,手扶着犁耙在田埂上慢慢走着。挑担赶集的人,也已稀稀落落地走在大路上。小仲揆的妈妈站在高处,手搭凉棚眺望着,她那亲爱的儿子正在向着远方走去。

小仲揆告别父母,第一次远离家乡,前往省城武汉求学。

读书革命两不误

我是炎黄子孙,理所当然地要把学到的知识全部奉献给我亲爱的祖国。

将错就错，改名李四光

1902年的武汉三镇。在汉水和长江交接的地方，龟山、蛇山隔江相映，古老的黄鹤楼和西洋式的江汉关遥遥相望，这里就是当年号称“九省通衢”的武汉三镇。1840年鸦片战争一役，帝国主义用军舰和大炮轰开了清朝大门，武汉三镇就成为外国资本主义侵入最早而又受压迫最深的地区之一。它是英、美、日、德、法等帝国主义争夺的对象，已经成为一个畸形发展的城市。

仲揆乘坐的小船先在汉口码头停靠，随后向武昌驶去。这是仲揆生平第一次出远门，他好奇地四处观望，江上船只穿梭来往，白帆点点，十分热闹。两岸建筑各式各样，有的楼顶上还安装着十字架。经过摇船老艄公的解释，仲揆才得知那些高楼大厦都是英、法、德、日等国租界。这一切都深深地震动了这位爱国少年的心。他暗暗发誓：一定要考上高等小学堂，将来学到本领，为祖国服务。

经过大半天的水上颠簸，李仲揆在新河码头下船，来到了久负盛名的武昌城，他甚至来不及仔细观看一下周围的景致，便匆匆奔向报考地点。走进一座宽敞的殿堂，李仲揆在报名处买了一张报名单，也许是初来乍到，也许是情绪紧张，当他坐在桌前提笔填表时，竟在姓名一栏里填上了“十四”两个字，把年龄错填到姓名栏，怎么办呢？再买一张报名单吧，摸着口袋里所剩无几的几个可怜的铜板，他心里老大不情愿。为了填个表花那么多钱，太不值得了。还是用这些钱买东西填饱肚子要紧。

他静下心来想了想，先提笔将“十”字加上一撇一捺一“子”改成了“李”字，可是“四”字如何改呢？总不能叫“李四”吧，多难听啊！他正在左思右想时，忽然抬头看见大厅中央悬挂的一块横匾，上刻“光被四表”几个大字。从这块横匾得到启示，他立即提起笔来，在“四”的后面工工整整地写上了“光”字，将自己的名字改成了“李四光”。

虽然他担心自己这样擅自改名，会不会让父母生气，但事已至此，只能先应付了这份表格和考试，其他的以后再说吧！

“李四光，拿好表格，去那边等着。”一位老师在表格上盖了个章，就让他进了一间教室。

李仲揆开始对这个新名字还不是很习惯，不过，从这一天起，李仲揆摇身一变，就成了李四光。

没想到的是，他的父亲后来知道后，并没有责怪他，相反，还夸赞他这个名字改得不错。

从此以后，他的原名鲜为人知，而李四光这一名字越叫越响亮，不仅传遍全国，而且名扬世界。

进了新学堂

入学考试虽然取得了第一名的优秀成绩，但是主考先生看见李四光是一个农村出来的穷孩子，不太愿意录取他。学堂里有位张先生，正好是李四光父亲的学生，他很爱惜李四光的才学，极力向主考先生保荐说："这孩子是我先生的儿子，聪明好学，读书很用功，品行又好，长大了肯定会有出息的，这样的人才我们不应该放弃，就请你高抬贵手录取他吧。"主考先生碍于面子，再加上仲揆的考试成绩确实非常突出，最后答应录取他，并把他分到了西路高等小学堂。

1902 年冬，李四光进入武昌第二高等小学堂读书，由于该学校是全寄宿制，全部食宿均由学堂供给，每月还补贴七两银子，李四光得知这一消息非常高兴，这样可以为家里省去一大笔开支。李四光家里虽然少了个劳动力，生活却得到了一些改善。他十分节俭，除了买一些必需的学习用品外，绝不乱买不需要的东西。这样，他每个月还可以省下一些银子，托人捎回家里。

当时两湖总督张之洞办学有一个指导思想，他认为当时的中国“不贫于财，而贫于才”。他极力讲求兴学，就是为了“选真才，择时用”，主张要选拔一些有真才实学的人出来，以适应当时发展工业、实业的需要。他还认为，在办学当中，“小学位及第一”，所以积极创办了一些以培养出洋留学和可以进一步深造的人才为目的的官费高等小学堂。他规定，凡在各路官费高等小学堂读书的学生，只要是考试名列前茅的优秀生，都可以保送出国。第一名送美国，第二名送英国，第三名送日本。

学校的课程排得满满当当的，有修身、读经、中文、算术、历史、地理、格致（即声学、光学、电学等自然科学的统称）、绘图、体操，一共九门课。这里的老师也十分严厉，第一堂课老师就告诉他们，你们都是考进来的，能考上很不容易，一定要勤奋刻苦学习，报答国家对你们的希望。老师还告诉他们，如果每次考试都能够取得前五名，就可以保送到美国、英国或日本留学，而且费用由国家承担。

从此，李四光学习非常用功，上课认真听讲，生怕漏掉一点知识。课后他专心整理学习笔记，复习旧课，预习新课。他如饥似渴地吸取各种知识，没有过休息天、节假日，每天都天刚蒙蒙亮就起床，借着点点星光看书。同时，他勤学好问，总是提出一些老师们没有意料到的问题。有时候，为一个问题，他会与老师争论得面红耳赤，幸亏当时提倡的是“洋学”，否则他不知道要挨多少板子。

他的勤学好问换来了优异的成绩。每次考试成绩都名列前茅。从“李仲揆”到“李四光”，不仅仅是名字的改变，也不单单是农村到城市的改变，更可贵的是，李四光心里已经树立了为国家勤奋学习、刻苦攻读的远大志向，已经萌发了学习科学知识报效国家的愿望。

自己争取到的权利

李四光发愤求学，虽然几次考试都是名列第一，然而次次保送，他都榜上无名。开始，李四光还不明白这里面的奥妙。几次落选以后，李四光忍不住提出自己的疑问。他问当初力保他入学的张先生为什么几次他都榜上无名，这是怎么一回事。

“没有别的原因，”张先生说，“你看看，送出去留学的学生，哪一个不是家里有钱有势的？你的家庭我知道，爸爸是个穷教书先生，哪轮得上呢？”

“不合理！不公平！”李四光感到愤懑。

“不过，你也不必过于介意，”张先生宽慰他说，“我看你只要努力，将来也可以比他们有出息。”

可是血气方刚的少年李四光不服气，他想：“他们不派我去，我就自己去。我一面做苦工，一面自己上学。”

他果真不辞而别离开了学校，搭便船去了上海，想自己到日本去留学。然而，很快他就明白“此路不通”，不得不仍旧回到小学堂。学堂当局被李四光这种大胆的反抗行为激怒了。他们责备他，威胁说要开除他，还要追回他在官费小学堂里所享受的一切费用。他恨透了学校当局如此势利，真不愿意继续受窝囊气，可是他家里太穷，哪里赔得起这笔钱呢？于是他就质问学校当局："学堂规定了的，成绩优秀就可以保送出国，我每次考试都得第一名，为什么出洋的名单上就没有我呢？"

学校当局理亏，就搪塞说："你只是在条件很差的乡村私塾里读了几年书，哪就会考出第一名的成绩？在我们看来，你不过是瞎猫碰着死老鼠，偶然得来的，继续学习一段时间再说吧。"

张先生也出来排解说："李四光也是求学心切，而且学业确实优良，这次暂缓追究，且让他再考一次。若是仍旧考得第一，说明这孩子有志气，就送他出洋；若是落榜，也是他自己不争气，那时再除名吧！"

张先生是很器重李四光的，相信他是一个争气的孩子。

学堂当局也只好这样收场。

李四光暗暗下了决心。又一次考试揭榜，他果然又是名列第一。这一次，学堂当局只得保送李四光出洋深造。按照李四光的学业成绩，本应保送美国，学校却卡了他一下，把他送往日本。即使这样，也是李四光自己争取到的权利。得到出洋深造的机会，李四光兴奋极了。

李四光虽然家庭贫穷、受人排挤，但他始终没有放弃，仍努力学习，潜心用功，他坚信自己的实力，成绩一直数一数二，终于在几经周折后，把握住了机会，获得了官费留学的机会。

1904 年 7 月，14 岁的李四光，带着他那美好的理想和伟大的抱负，准备动身去日本留学。李四光回黄冈向父亲辞行，随即乘船去日本。但官费有限，他只好买了统舱票，以便节约开支留作他用。第一次去这么远的地方学习，李四光心情无比激动。特别是当船驶出上海吴淞口，眺望大海，波涛汹涌、茫茫无际，小小少年，心旷神怡，站在甲板上久久不愿回舱。他的思绪随着海风、海浪飘得很远，很远。

经过漫长的旅行，轮船终于抵达日本的横滨港，后又乘汽车来到东京。但不幸的是，临行前，亲友饯行，李四光多吃了些甲鱼之类的荤腥，在海上又着了点凉，所以一到东京便腹泻不止。医院诊治为痢疾，并对他隔离治疗。李四光只得借钱治病。这次病对他影响很大。大夫劝他平时多吃素，少吃荤。他永远记住了这个劝告，几乎一生饮食清淡。

去日本学造船

能够出国深造，李四光感到说不出的兴奋。但是，去学什么呢？

他想到童年时代和爸爸在江边的谈话，那时他多么向往自己能造一艘钢铁轮船；他想到在爸爸的学馆里，听爸爸讲到的甲午海战失败带给中华民族的耻辱；他站在长江岸边徘徊，看到那来来往往、游弋不绝的各色货轮、客轮和兵舰，没有一艘是中国制造的……

“我要去学造船！将来，我要为我的祖国制造出最优良的轮船、兵舰。我的祖国一定要富强起来！”

当时的他天真地认为：中国之所以屡屡受欺，主要原因在于中国没有强大的军舰，因此他下定决心学习造船，为祖国造出世界一流的军舰，抵御帝国主义列强的入侵。

怀着这美好的愿望，1904 年，15 岁的李四光终于进入了日本东京弘文学院，开始了相当于普通中学的学习。东京弘文学院是中国留学生云集的学校，到日本留学都要在那里学习日语和初等数理化，补习课程，为以后到专门学校学习打基础。留日学生中的许多著名人物如鲁迅、黄兴、陈独秀等都是该校的毕业生。李四光来到这里时，全校有十几个班，分别以中国的地名命名，每个班大概五十人左右。

刚到日本，李四光的日文不太好，虽然听讲有些困难，但是他开始接触比在国内更先进的科学文化知识。李四光在弘文学院的生活是清苦的，按照清朝学部规定，每月可以领到 33 元的官费，扣除学费和食宿费 25 元，仅仅剩下 8 元，日子过得紧巴巴的。好在李四光从小就吃过苦，这点苦对他而言，算不了什么。

1907 年，李四光顺利完成了弘文学院的学习，考入了一般人比较难考上的大阪高等工业学校。据说，这个学校每年仅能接收 10 名左右的中国留学生，而在这一年，报考者竟达千余人，真是百里挑一。为什么报考人数和实际招收人数相差如此悬殊呢？原来甲午战争以后，日本调整了对华政策，开始接纳中国留学生。中国人则迫切希望学习日本的长处，使自己的国家富强起来。短短几年，留日学生大幅度增加。大部分中国留学生都在一些中初等学校学习日语和初等数理化，进入高等学校学习的很少。日本人也打着自己的算盘，留日学生增多给他们带来了赚钱的机会。但日本人又怕中国人学会他们先进的技术，超过他们。所以，在有些学校，特别是军事学校，当讲到重要课程时，老师就会让中国留学生出去。因此，在这种极为复杂的背景下，李四光能够考中，是极其不容易的。1899 年开办的大阪高等工业学校坐落在大阪北区玉江町。学校设有机械、应用化学、窑业、酿造、采矿冶金、造船、舶用机关和电气八个学科，修学年限均为三年。李四光选择学习造船机械专业，以实现他从小的愿望。

1907 年的暑假，李四光回国探亲。这时，他家已迁到了距下张家湾约有三千米的香炉山。他一回到家里，全村立刻沸腾起来。李四光滔滔不绝地向父母和乡亲们讲述自己在日本的所见所闻，还把带来的各种动物、植物、矿物和轮船的图片贴在墙上。村里的人对李四光带来的这一切都觉得非常新鲜。

几年海外学习的经历使李四光学到了不少科学知识。回到家乡他首先感到村里吃的是门前塘里的水，很不卫生，他就想到了一个人工过滤的方法。他买来一口大缸和一口小缸。在大缸的下端凿一孔，装一根竹管子，缸底放一层石子和一层沙子，然后盖一层白布，把挑来的塘水倒在大缸里，塘水经沙石层过滤，从竹管流入小缸内，混水变成了清水。乡亲们跑来看，都称赞这个办法好。从这件小事中，我们可以看出，在李四光年轻的心灵里，已经孕育着要用学到的科学知识为人民谋福利的意愿。

9 月初，李四光回到大阪高等工业学校。当时全校有学生 400 余人，舶用机关科一年级新生 19 人，李四光是班上唯一的外国留学生。这里所学的课程比弘文要繁重得多。第一学年有数学、物理学、无机化学、力学及材料强弱论、舶用机关、制图、英语等，第二学年增加了冶金学和造船学等，第三学年又增加了电气工学、水力学、工业经济等。

由于李四光在国内只读了一年半的新学，到日本后的前三年，也是重在补习日文，理科方面学得比较少，现在来到这样正规的高等工业学校学习这么多的课程，对他来说，是很不轻松的。

光着急没用，李四光给自己制定了精确的作息时间表，除了上课时间，把每天的剩余时间按照精力的旺盛程度划分了几大块，什么时间学习什么功课，他都安排得井井有条。他调整了学习方法，把精力集中到几门主要的学科上，做重点进攻，其余的课只要能保证及格就好。这样一来，他在不同的学年，确定不同的重点，到了二、三年级，总成绩赶上来了，物理、实修、英语的成绩居然进入了前五名。

在学校，李四光生活依旧清贫。每月收到的官费用于必需的开支后，已所剩无几。为了省钱，他常常把生米放进暖水瓶中，加上开水，浸泡一夜，第二天凑着咸菜一起吃下去。在大阪高等工业学校的校园里，他秉承一贯的学习精神，不论是樱花盛开的春天，还是酷热难当的夏天，不论是落叶飘零的秋天，还是天寒地冻的冬天，他总是穿梭在图书馆、教室里，刻苦用功，不知疲倦，翱翔在知识的海洋中。每次考试他总是名列前茅，学校的很多日本学生都对他竖起大拇指，夸赞之词不绝于口。

最年轻的同盟会会员

李四光并不是两耳不闻窗外事的书呆子，寻求新知识的他，并没有完全钻进象牙塔里，除了学习、生活，李四光更加关心自己祖国的命运。此时的中国正处在水深火热之中。李四光在学习之余，一直在思考，除了要努力，用学到的知识报效祖国外，自己还能做些什么。他开始广泛接触当时在日本进行革命活动的革命党人。

李四光在东京弘文学院上学的时候，正是资产阶级革命政党——中国同盟会诞生的前夕。以孙中山为代表的民主派所宣传的革命主张，在留日学生中，影响一天天扩大。《湖北学生界》《新湖南》《江苏》等抨击清朝政府、鼓吹革命的报刊纷纷在东京出版。康有为、梁启超变法维新中的那一套君主立宪的主张已经落后于时代，在留日学生中的影响渐渐缩小，维新派也被不少人斥为保皇党抛弃了。

1904 年 12 月的一天，一位留着分头的高个子青年来找李四光，他就是近代民主革命家宋教仁。当时在东京法政大学学习的宋教仁希望与李四光认识。宋教仁思维清晰，谈吐不俗，李四光从他身上学到了不少东西。后来，李四光才知道宋教仁在留日学生中影响很大。宋教仁又向李四光介绍了在东京京西大学学习工艺化学的马君武，他说："马君武知识广博，是一个具有新思想的人，他的许多见解都非常深刻，和他交往，你能够开阔眼界，学到更多东西。"

马君武比李四光早 3 年来日本。因为家里穷，没有盘缠到日本留学，靠广东东莞一位姓刘的知县资助才到日本。经过香港时，马君武把辫子剪了，说长辫子是清朝的耻辱。

在当时的中国留学生中，剪不剪长辫子竟然成为革命与不革命的一个标志。那些具有民主革命思想的人认为长辫子是民族压迫的象征，是一种耻辱，毅然把它剪掉了。而封建思想顽固的人，生怕丢了辫子后，将来当不成官，见不得人，死死地护住它，不肯剪掉。李四光到东京不久，就毅然将盘在头上的长辫子剪掉，表明自己站在了革命的一边。

不久后，李四光和马君武见面了。马君武给李四光讲了孙中山先生的民主思想，讲他组织海外人士，领导反清活动。李四光很早就听说过孙中山，想了解更多关于孙中山的事情。

"孙先生是怎么样的一个人，你见过他吗？"

"我在横滨他住的一间小房子里见过。当时惠州革命失败后，孙先生来到日本。见面后，我的广东话说不好，他听不懂，没有办法，我只好用刚学了三个月的英语和他交谈。先生居然对我的英语大为赞赏。”

1905年7月30日，李四光参加了在东京赤坂区松町三番黑龙会会所召开的中国同盟会筹备会。李四光的自书誓词为：“联盟人湖北省黄州府黄冈县李四光，当天发誓，驱除鞑虏，恢复中华，创立民国，平均地权。矢信矢忠，有始有卒。如或渝此，任众处罚。天运乙巳年七月三十日中国同盟会会员李四光。”李四光是同盟会第一批会员中年龄最小者。

1905年8月13日，一位年岁稍长的同乡来学校找李四光，告诉他孙中山先生从欧洲来到了日本，并且邀请他参加明天举办的欢迎孙中山的大会。李四光满口答应了。在东京富士冗楼，留学日本的学生及华侨千余人为欢迎孙中山举行了盛大集会。李四光随同乡来到会场，只见屋子里已经被挤得水泄不通，他俩只好站在门口的台阶上。李四光踮起脚尖，往台上一看：孙中山身着西装，打着手势，正在进行演说。

“我这次来日本，主要是为了号召一切爱国志士，要不怕流血牺牲，从革命着手，平均地权，把土地交给受苦的农民，推翻清朝统治，废除几千年来的封建皇权，结束两千多年的封建君主专制制度，建立民国。”

“我们要建立民主共和国，就必须有一大批不怕流血、不怕牺牲的革命志士，团结起来，进行革命！”

孙中山富有鼓动性的语言赢得人们热烈的掌声。年轻的李四光也一个劲地鼓掌。他第一次听到“革命”这个词，他顿时觉得自己以前的理想太幼稚、太肤浅了。他相信孙中山所讲的都是救国救民的真理。听了孙中山的演讲，李四光意识到中国的希望在于革命。此后，李四光经常出入留学生会馆，赴集会，听演讲，决定追随孙中山先生。他还积极投身到革命政党的组建活动中。

1905 年 8 月 20 日这一天是李四光永远难忘的日子，在日本东京赤坂区松町内田良平先生的宅邸，孙中山领导的中国同盟会在日本成立了。大会通过了“驱除鞑虏，恢复中华，创立民国，平均地权”的政治纲领，推选孙中山先生为总理。经人介绍，李四光在一间秘密小屋见到了他仰慕已久的伟大的民主革命先行者孙中山先生，参加了孙中山领导的革命组织——中国同盟会的成立大会和宣誓仪式，并被接纳为同盟会会员。当时，李四光年仅 16 岁。当宣誓结束时，孙中山亲切地摸着李四光的头说，你小小年纪就参加革命，很好，一定要“努力向学，蔚为国用”。孙中山先生的这席话，让李四光明白了一个道理，那就是不仅要学习造船技术，而且要关心祖国的前途和命运。

同盟会成立后，清政府密托日本政府对革命党人“随时踪迹，窥其举动”，加强对中国留日学生的控制。11 月2 日，日本文部省发布第十九号命令《收容清国人留学之公私学校章程》，共五十条。这是日本和清政府勾结对中国留日学生革命活动的迫害、镇压的信号。李四光曾参加过东京中国留日学生总会反对日本政府文部省颁发的第十九号命令的斗争。为应付事变，留日学生成立了中国公学。李四光还准备同其他留日同学一起回国。

当李四光准备同其他留日学生一起归国的时候，孙中山打来一个电报，不赞成留日学生全体回国，怕被清政府一网打尽。经过斗争，日本政府在国内外舆论的强大压力下，终于答应了中国留日学生提出的条件，而且承认中国留日学生会馆的合法权利。1906 年 1 月 11 日，中国留日学生开始复课。

这一时期，李四光与革命者的交往，特别是孙中山对他的勉励，对于他后来努力学习，立志为建设国家做出贡献，是有深远影响的。

和马君武接触得多了，李四光渐渐分清了孙中山和康有为、梁启超的区别，明白了革命与改良的区别。康有为、梁启超是主张自上而下的改革，试图通过皇帝朝廷实行变法，而孙中山先生则主张自下而上，推翻大清王朝的统治，推翻中国几千年的封建君主专制制度，建立“中华民国”，平均地权。

1925 年 3 月 12 日，孙中山先生逝世。当时国民政府选拔 6 个人为孙中山先生抬棺送灵。选拔的标准是：第一，要与孙中山有密切关系；第二，为辛亥革命做过贡献；第三，对社会发展有重大推进作用。时任北京大学教授的李四光便成了这 6 人中的一员。

1925 年 4 月 2 日，李四光参加孙中山的祭奠活动后，到中央公园社稷坛，也就是今天的中山堂，为孙中山抬棺送灵。孙中山的遗体棺被抬到门外后，放到高架灵梓上，在几十辆黑白相间的马车和众多送灵人陪同下，前往西山碧云寺。李四光则从中央公园一直步行送到西直门外的万牲园。

在辛亥革命中

1910 年 7 月，李四光从日本大阪高等工业学校毕业，结束了 7 年留日生活，和湖北籍的同伴们一起返回祖国。回国后不久，他就被派到武昌县花林湖北中等工业学堂任教。从学生到教师，李四光有一种新鲜感，同时也感到一份责任。他对学生的要求是非常严格的，除了教书，他还兼着学校工场的负责人，在日本学过机械制造的他，终于有了一席用武之地。他打算大干一场，将自己的所学奉献给祖国。

然而，当时的中国可谓“山雨欲来风满楼”，那时，全国各地的革命情绪十分高涨。这年的冬天，有人请李四光参加了一个秘密会议，去了后他才知道原来是个谈判会议。当时湖北的“共进会”总结了广州革命武装起义的教训，想和另一个革命组织“文学社”联合起来，因此开了这个会。他们请李四光发言。李四光说：“现在的革命形势发展迅速，你们团结起来一起行动对革命有好处，我赞成你们的联合。”

就当李四光也准备投入武装起义之时，1911 年 9 月，辛亥革命爆发前夕，他被迫去北京参加了清政府举行的留学生廷试，获“最优等”成绩，赐“工科进士”，成为中国历史上最后一批进士之一。

1911 年 10 月 10 日晚，武昌起义爆发。武昌起义的熊熊烈火迅速燃遍了祖国的大江南北，腐败的清政府终于土崩瓦解了。当时李四光正在北京参加考试，得到消息后，他异常兴奋，立即收拾行装南下武昌。不久，李四光便担任湖北军政府理财部参议。他参加了汉口的保卫战，亲自组织码头工人和人力车夫运军火、上前线。

这天李四光正在紧张地调度运输车辆，有人过来悄悄告诉他，宋教仁先生约他到某公馆里商量要事。

李四光匆匆赶往约定地点，宋教仁等已在那里等候了。宋教仁和李四光在东京留学时就很熟，回国后，由于各自都很忙，加上形势不稳，无法联系，因此一直没有互通信息。

“汉口恐怕难以保住，但是孙先生就要回来了，南京掌握在我们的手中。我找诸位来，是想征求一下成立政府的意见。”宋教仁没等李四光坐下就开了口。

接着宋教仁说了新政府各个部长的名单，最后望着李四光说：“让张季直（謇）当实业部长，不管他干不干都要接受，但是缺一个管事的次长，你看什么人合适？”

李四光想了想说：“如果孙先生回来，君武也一定到了，我想君武还比较合适。”

宋教仁一拍前额说:“你看我,倒把君武给忘了。对,就让他当实业部次长。”

1912年1月1日,上海火车站人山人海,万头攒动,上万名群众聚集在站前广场欢送孙中山前往南京就任中华民国临时大总统。火车经过苏州、无锡、常州、镇江各站时,下起了雨,车站都有群众冒雨欢迎。火车到了南京,只见大街小巷张灯结彩,城市比往常明亮了许多。大雨虽然一直没停,但是聚集在车站迎接的人却越来越多,人们高呼口号,挥动彩旗彩条,整个宁城都沸腾起来。

当晚10时,孙中山宣誓就任中华民国临时大总统,发布《临时大总统宣言》。

接着,在孙中山的主持下,临时政府颁布《中华民国临时政府组织大纲》,选举黎元洪为临时副总统,各省选派三人组成参议院。临时政府下设陆军、海军、司法、财政等九个部,宣布了各部部长和次长名单。

“中华民国”成立后,李四光被委任为南京临时政府特派汉口建筑筹备员。湖北同盟会重新组织了支部,和共进会、文学社合并,李四光被选为书记。

孙中山提出兴办实业是“中国存亡之关键”,下令各省设立实业司。湖北的实业在当时是比较发达的。张之洞曾在这里建立了钢铁、织布、造纸、官砖等企业。而且这里的民族资本也发展到一定程度。但是,辛亥革命后的湖北,由于战事损失严重,留下来的是个烂摊子。

1912 年 2 月 7 日,湖北军政府设立实业部。由该部掌管全省农工商矿及一切实业行政事宜,内部设正副部长、参事、秘书、庶务各室,另设三科:农林科、工商科、矿务科。经过公选投票,李四光以得票最多而当选为实业部部长。

2 月 16 日,实业部在武昌三道街旧盐通署开始办公。3 月 5 日,根据南京临时政府内务部的指示,实业部改为实业司,湖北实业部改为湖北实业司,李四光担任司长。后来由于实业司行政事务繁琐,于是实业司又改三科为五科:农科、林科、工科、商科、矿科。农科分设五课:农事课、水产课、畜牧课、蚕桑课、茶务课。林科分设三课:林政课、生产课、经营课。工科设三课:劝工课、惠工课、考工课。商科分设四课:商政课、营业课、登录课、度量衡课。矿科设置两课:矿务课、矿计课。因战争湖北的实业破坏严重,特别是汉口被清军焚掠,损失尤为惨重。因此,摆在李四光面前的任务十分艰巨。23 岁的李四光并不气馁,他查阅旧档案,到厂矿了解实情,制定规划,全身心地投入工作,想重振湖北实业。

他努力实现孙中山提出的“务使首义之区，变为模范之市”的期望。

经过他的接管、恢复和新建，在实业司各科下面先后设立了十余处附属机关。其中，农科主要有农事试验场、茶叶讲习所、蚕业讲习所、女子蚕业讲习所，林科主要有全省模范林事试验场，工科主要有全省模范大工厂、制革厂、红砖第一厂、湖北造砖厂，商科主要有两湖劝业场、商品陈列馆，矿科主要有炭山湾煤矿官厂、陈家湾煤矿官厂、韩家山铜矿厂、硝磺总厂、兴大矿物局等。李四光还根据孙中山的指示，派员清查、测量和登记被焚各家房屋地基的面积，然后同绅商就汉口商务、设立建筑公司、保护营业权、水陆联运等方面的问题，通盘筹划，以恢复汉口商业市场。此后，他经常往返于南京与武汉之间，工作十分努力。付出终于有了回报，湖北省实业出现一些生机。

然而，革命形势的发展并不像他料想的那样，正当李四光决定大展宏图之时，由于领导辛亥革命的资产阶级的软弱性和革命的不彻底性，孙中山被迫辞去总统职务。南京临时政府仅存在三个月，就把政权拱手交给了北京的袁世凯。

1912 年 4 月 9 日，孙中山来到武昌，他在演说中解释说：“仆此次解职，外间颇谓仆功成身退，此实不然，身退诚有之，功成则未也。”12 日，李四光等前去探望孙中山。孙中山向他们讲述了社会革命的重要性，以及平均地权、兴办实业等政策问题。

袁世凯上台后，疯狂打击和排挤革命党人。李四光发展实业、造福人民、建设新湖北的宏伟计划成为泡影，他十分郁闷，陷入了彷徨。最后，李四光决定辞去湖北实业司司长职务。

李四光辞去司长职务以后，内心非常苦闷，他眼看革命的果实落在了旧军阀手中，自己的理想没有实现，不知今后该怎么办。当他得知不少革命党人公派出国学习的消息之后，认为自己现在“力量不够，造反不成，一肚子秽气，计算年龄不算太大，不如再读几年书，准备一份力量”。因此，他便当即向当时的政府提出了继续出国留学的要求。这时，黎元洪本来就对革命党人不放心，他对付湖北革命党人的办法是：感到威胁太大的就杀，能拉过来的就收买，两者都不好办就送走。所以，接到李四光的要求，他心中暗喜，正好趁机打发他离开湖北，于是就给稽勋局拍电报，说李四光老勋卓著，精力富强，可送西洋造就。电报送到袁世凯那里，袁世凯批复同意。李四光的愿望最后得以实现。

这次被批准留学的，除了李四光外，还有湖北军政府秘书王书杰，两人都被派往英国留学。然而，李四光等出国留学的人员尚未成行，1913 年3 月20 日，就发生了民主革命家宋教仁在上海车站被刺的事件，全国一片震惊。面对袁世凯的凶狠残忍造成的流血的教训，李四光进一步看清了袁世凯的反动面目。

3 月下旬，孙中山从日本回到上海，使李四光心中又燃起了一线希望。但是，孙中山兴兵讨袁的号召，真正响应者不多。孙中山发动的"二次革命"，不到两个月就夭折了。面对这些巨变，李四光的心彻底凉了。

7 月下旬，李四光到北京教育部报到，办理好出国手续后，回到家乡黄冈向家人告别，然后怀着极为沉重的心情，与王世杰等人乘船从武汉到上海，买了出国的船票，开始了自己第二次留学生涯。

就这样，李四光第二次离开祖国，远涉重洋，去英伦寻找"科学救国"的道路。

赴英寻找科学救国之路

1913 年 7 月，李四光由官派出国，赴英国伯明翰大学深造。他先是学采矿，后来又转到地质。他内心祈盼着有一天，得见政治清明之世，为祖国贡献自己的青春和热血。

当时，和李四光一起去英国留学的有 4 人，政府发放的路费全是金条。李四光告诉同伴："你们先慢慢收拾行李，我去银行兑换钱币。"李四光来到银行时，穿着破旧的他引起了银行职员的怀疑，他非但没有换回钱币，还被怀疑偷别人的金条而被抓了起来，任凭他如何解释也没用，结果连饿带冻，第二天才被同伴们救回。即便如此，李四光心里还想着家人，将旅费的一部分省下来交给他们，供弟弟妹妹们上学。他想用所有的爱来报答 14 年父老乡亲们曾给予他的关怀与厚爱，就像他后来将自己的一生献给祖国一样，鞠躬尽瘁而又无怨无悔！长途跋涉，远渡重洋，李四光他们终于抵达大不列颠帝国的首都伦敦——近代产业革命的发源地，这里是资本主义文明的故乡，近代产业革命的发源地。当时的伦敦早已车水马龙，大厦林立，五彩缤纷。在李四光的眼里，这一切好像都不存在，他心里更渴求的是科学知识。

李四光先到中国驻英使馆留欧学生监督处报了到。这时，中国留英的学生中学理工科的较多，李四光按照自己的志愿，决定学习采矿。但是，他的英语不太熟练，数理化学科也还需要补习，因此，他决定先进预科。经过慎重的选择，李四光决定进入在采矿方面较为著名的伯明翰大学。英国的大学中，当时采矿方面的较为著名的有伯明翰大学，收费比剑桥、牛津等大学少一些，设施方面也不差。

李四光离开伦敦，来到了英国西部重镇伯明翰城。伯明翰大学环境幽雅，校园里绿草如茵，一座座尖顶圆形建筑，一排排高大的拱形门，来来往往的英伦学子，充满了异国他乡的情调。

李四光在学校附近找了一所公寓住了下来。公寓的主人是一位英国老太太，待人非常热情。同时，住在这公寓的，还有一位中国留学生丁燮林。两人一见如故，相互帮助，相互照顾，非常亲密。来到异国他乡的陌生感一下子消失得无影无踪。李四光这时 24 岁，学数学比较吃力，有时候解一道题目要花很长时间，那些复杂的概念、公式他总是记不住。丁燮林看他很吃力，就把自己算好的答案给他看。李四光认为，数学是学好各科的基础，如果基础学不好，其他科就不可能学好。他谢绝了丁燮林的帮助，宁可自己多吃点苦，速度慢一些，也要自己算出来。通过不懈的努力，李四光的数学终于有了起色。

李四光和丁燮林还一起跟着房东老太太学习英语。李四光特别用功，还看了不少英国古典文学作品。不到一年，他的英语就说写自如了。后来，他还学了德语、法语。他在外文方面下的这番苦功，为他以后几年的学习，乃至日后的科研活动，创造了有利条件。

李四光的确是一位孜孜不倦的学生，即便是休息时间，他也绝不放松学习。有时他在假日走进公园，看看名胜古迹，但身边也总是少不了报纸、杂志或是一卷厚厚的书。公园里的林荫下、溪水边，他一坐下来就抄抄写写，或是思考一连串的问题。1913 年 12 月 27 日，中国教育部颁发了《留欧官费学生规约》，规定留欧期间不得转学或改赴他国，未毕业前不得请假回国，违者停发官费。这样，李四光在伯明翰大学一直读到毕业。

平静的学习生活并没有持续多久。1914 年 8 月 4 日，第一次世界大战爆发了。以英、法、俄为一方的协约国和以德、意、奥为一方的同盟国，为重新瓜分世界，争夺殖民地，展开了生死决战。一时间，生活物资日益短缺，物价开始上涨，糖买不到，盐买不到，煤供应越来越少，眼看冬天要来了。

欧洲大战和留学生处于困境的消息传到了国内，南京临时政府决定拨出12000元支援留学生，帮助他们渡过难关。但是由于战争，英国政府的邮政和金融系统瘫痪，寄出去的钱无法从邮局中提出来。况且这么点钱，发到每个留学生手上，也只是杯水车薪，解决不了问题。许多留学生无法忍受，纷纷离开了英国。

但李四光硬是凭着顽强的毅力和从小养成的坚韧不拔的精神，咬紧牙关，省吃俭用，克服重重困难，坚持学业。每逢假期他就跑到矿山做临时工，赚钱维持生活。

即便这样艰难，他仍保持乐观旷达的心态，劳逸结合，利用业余时间学会了拉小提琴，并成了终生的爱好。他在巴黎写的一首小提琴曲《行路难》，据上海音乐学院现代音乐室考证，它是有曲谱为证的中国最早的一首小提琴曲。

1914年秋天，李四光结束了预科学习，从预科转到采矿科。

经过一年的学习，他的爱好也悄然发生了转变。当时的英国是世界上工业最发达的国家，采矿业很发达，这使李四光逐渐意识到：工矿是实业的基础，国家要想富强，必须有充足的煤、铁等资源。他又认为只学采矿而不会找矿，只能给帝国主义当矿工。

1915 年，李四光深感矿产资源的开发必须依靠地质科学，因而他又从采矿系转到了理科地质系，从基础学起，兼修物理学。李四光进了地质系之后，由鲍尔顿教授指导他学习。这位教授对他非常热心，李四光对他也很尊重，经常向他请教，得到不少的教益。选定了自己的专业之后，李四光有了更加强大的学习动力。他经常学习到深夜。经过顽强的拼搏和不懈的努力，李四光在学习上取得了优异的成绩。他的同学们都认为他是个天才，李四光却笑着说："你们还记得列夫·托尔斯泰那句名言吗？天才的十分之一是灵感，十分之九是血汗，我不是什么天才，我只是比你们早起点、晚睡点、少玩点而已。"

李四光在学习地质的过程中，觉得有许多地质上的问题，单靠地质学本身还不能够完全解决，所以又旁听了物理系的课程，因此在数学、力学、物理学等自然科学方面，都有着非常深厚扎实的理论基础，这为他以后在地质学等学科领域取得辉煌的成就打下了坚实的基础。当然他对于本专业的知识，钻得更深更透。

李四光深深懂得广博的知识与精深的专业知识是相辅相成的，所以他在学习期间看了许许多多的书，当然这些书绝大多数都是与他所学的专业有关的。由于他既有精深的专业知识基础做后盾，又有广博而又深厚的相关学科的知识做辅助，所以他在学习中能够做到举一反三，融会贯通，掌握知识比别人更快、更扎实。也正是由于他的知识面既博又专，所以后来他能在构造地质学、古生物学、地层学、岩石学、矿物学、矿产地质学、水文地质学、工程地质学、地震地质学、地热学、区域地质学、冰川学等基础地质学科上都有非常高的造诣，并且在许多应用地质学方面都做出了卓越的贡献，成为全世界都极其少有的多能的地质学家。

假期里，其他同学都安排了丰富多彩的休假计划，李四光却骑着一辆旧摩托车到野外考察地形、地质。

第一次世界大战期间，英国许多大学由于收入减少，支出降不下来，只有靠增收学生的学费才能维持。这时正好英国许多矿山，因为工人和技术人员征去当兵，缺乏劳动力，李四光便利用假期跑到矿山，和当地的工人们一起劳动，试图了解深层的底层构造和地质情况。

1917 年 7 月，李四光顺利地通过了学士学位的考试。在考试期间，他的一个小腿上长了一个脓疮，但为了节省时间和医药费，他就忍着钻心的疼痛没去看医生，后来实在疼得受不了了，他就自己用消了毒的刮胡子刀，咬紧牙关把脓疮和周围的已经腐烂的肉都剜掉，然后再把伤口包扎好。这场“手术”下来，他早已疼得浑身直出冷汗，额头上的汗珠顺着脸颊往下流，脸色也十分苍白。就这样硬是挺住了，一直坚持到考试完毕，才去看医生。医生对李四光给自己动这种不用麻醉药的“手术”万分吃惊，顿时对他产生了无限的钦佩之情，如果没有坚强的毅力，一般人是很难忍受得了这种剧痛的！

拿到学士学位后，李四光利用暑期，查阅了一些地质资料，编出了一幅中国若干地区的路况和线勘图送给鲍尔顿看。导师看后，当即高兴地指出，如果能在这基础上再进一步做些工作，说明今天已认识到的程度，总结前人的工作，并进一步提出今后研究的突破点，将是很有意义的。

鲍尔顿的话激起了李四光强烈的责任感。他立即着手广泛收集当时有关中国地质的科学文献，进行仔细的阅读，经过自己的思考，提出评价和见解。1918 年 5 月，李四光终于用英文写成了一篇长达 387 页的毕业论文《中国之地质》，并提交伯明翰大学地质系。同年 6 月，他通过了论文答辩，被伯明翰大学授予自然科学硕士学位。

《中国之地质》是李四光的第一篇地质学论文。全文分为地形、地质概况和经济地质三个部分。他把重点放在第二部分，尤其对于地层的分析，具体详细，在分析叙述每一个时代的地层之后，还附有详细的化石表，每种化石出现的层次和地点都标得很清楚。从这篇论文中，我们可以看出李四光初步表现出的两个治学特点：一是严谨扎实，一丝不苟，这是一个科学家必须具备的素质；二是他在科研中充满爱国热情。中国地大物博，地下有数不尽的矿藏等待发掘。作为一个地质学家，有责任弄清中国有史以来各个时期古地理的状况，弄清矿藏的分布，去解决有关工业生产的问题。

“地球上重大的地质过程和地球内部的物质状态，早已受到中国古代思想家的注意。例如，‘沧海桑田’表明地面升沉的事实，正是近代地质学中‘均衡论’的依据；用‘火行于地’来推测地下的情况，则可以认为是‘火成论’的观点。可惜的是，中国古籍中几乎没有这样明确的描述和形成科学的结论。中国古代有大量关于水利的著作，也有若干关于冶炼的著述，却缺乏系统的地质论述。”

“近几十年来，科学普遍迅速地发展，影响所及，促使地质学家也要做出应有的贡献。古老景观神奇般地再现，地球有史以来各个时期古地理的多种推测，自然而然地唤起了地质学家扩大知识范围的渴望，加上开发矿藏的需要日益增长，使得许多西方地质学家把注意力转向新的角逐场——远东。如今,我们所有获得不多的有关幅员辽阔的中国的地质知识,大多为那些热心的考察者之努力而得出的结果。”

“今天,我们要求新兴一代的黄帝子孙认识到自己肩负的责任,也许并非为时过晚。一方面,要为纯科学的发展而努力;另一方面,要用得来的知识,直接或间接地去解决有关工业的问题。就地质而言,需要的是发挥我们的聪明才智,去倾听和研读自然界早已为我们准备好了的古树残叶的语声和古河道的经文。”

当时他的老师鲍尔顿先生非常欣赏李四光,认为他是个不可多得的人才,不但专业知识学得很精深、很透彻,而且他的知识面十分广泛,功底相当深厚,同学之中很少有能比得上他的,因此断定他大有培养的前途,如果能继续深造,那么他的前途将不可估量,因此极力劝他再学习几年,获得博士学位以后再回国也不晚。但李四光还是执意不肯留下,坚持要回到祖国,婉言谢绝了导师的好意。鲍尔顿先生见他意志坚决,知道强留不住,心里不免感到十分遗憾,同时也深深被他的拳拳爱国之心打动。

李四光诚恳地对导师说:“教授,中国现在虽然内乱,但她是我的祖国。我要用我所学的知识,为改变中国现状尽我的微薄之力,完成我当初的誓言。”

1919年,李四光游历法、德等国考察地质,登上了阿尔卑斯山脉海拔4807米的勃朗峰。那里的冰川地形给他留下了极为深刻的印象。随后,他又来到了法国,为留法学生作了题为《现代繁华与碳》的演讲。这时,他的导师又发电报介绍他去印度一家薪酬很高的企业工作,而李四光觉得身为中国人,应该为祖国服务,再次谢绝了导师的好意。

中国人自己办地质事业是从1912年开始的。当时在南京临时政府实业部设立了地质科,由章鸿钊任科长。1913年开始调查煤矿,1914年因感人力不足,自己开办训练班。1916年,招收的30名学员中,有13名毕业。其中有丁文江、谢家荣等。在这一班毕业生的基础上,成立了农商部地质调查所,由丁文江任所长。

1919年,丁文江到欧洲考察,知道李四光是专学地质的,希望他回国教书。这虽与李四光的初愿不尽相符,但他还是同意了。

1920年,李四光接到了北京大学校长蔡元培先生发来的聘书,告诉他国内"民主与科学"运动方兴未艾,欢迎他担任北京大学地质系教授。

1920年初,李四光收拾行装,回到伦敦。在这里见到了丁燮林、王世杰。他们两人也收到了北京大学的聘书。丁燮林被聘为物理系教授，王世杰被聘为法律系教授。他们一道筹划回国的事。这时，有人来找李四光，说留法勤工俭学会的朋友请他在回国之前为巴黎勤工俭学的学生作一次演讲。

不久，李四光来到巴黎，作了前面提到的题为《现代繁华与碳》的演讲。李四光指出，现代都市的繁华与热势力是分不开的，热势力主要由煤炭产生，小部分由“煤油”产生。他所说的“热势力”就是后来人们说的“热能”。

李四光发问：“那么，我国是一个煤炭资源十分丰富的国家，为什么不能发展起来呢？这就是资源开发的问题了。”

“作为一种矿藏，无论多么丰富，它不是无限的，总有一天会被用尽的。从目前来看，全世界一年耗煤约十亿吨，照这个数目，中国的煤储量可供全世界用一千年。当然消耗的数量会随着现代化水平的提高越来越多，那么有朝一日，我们的煤用完了怎么办？还有什么来代替炭？人类将依靠什么来维持现有的繁华？”

作为刚刚从地质系毕业的学生，李四光可能没有意识到他提出的问题的意义，但他能从质朴的体验提出能源问题，不能不说是出色的天赋在起作用。

尽管国内依然是军阀混战，你争我夺，但李四光还是接受了邀请，带着为真理奋斗的治学精神，怀着报效祖国的满腔热血，结束了漫长的求学之路。在回国的途中，为了了解“十月革命”以后的苏联，李四光特地取道莫斯科，然后坐火车经过西伯利亚，在 1920 年 5 月底回到了北京。

时年他已经 31 岁，在这段人生旅程中，除了年少时期和短暂的工作以外，他几乎都在马不停蹄地学习，东奔西走，上下求索。如今，对李四光而言，该是他向祖国贡献知识和学问的时候了！全新的生活就要开始了！

辛勤耕耘的教书匠

书是死的，自然是活的。读书是间接的求学，读自然乃是直接的求学。只知道书不知道自然的人是书呆子。

营造良好的学习环境

1920 年 5 月的一个晴朗的上午，从伦敦留学回来的李四光、丁燮林和王世杰来到坐落在内城景山以东的马神庙北京大学二院。主楼是一幢西洋风格的二层楼，从正面看去，有上下两排很大的拱形门窗，房顶是斜坡的，留有天窗。三人进了大门，看见校长蔡元培带领各个部门的负责人在二道门前迎接。

蔡元培 52 岁，留胡须，穿青灰色对襟马褂和黑色裤子，他虽曾两度留学欧洲，是熟通中西文化的饱学之士，穿着打扮却传统古雅。见到李四光等人，蔡元培快步上前，和他们一一握手。

在北大所有校长中，蔡元培是最平民化的一位，也有人说他具有民主意识。北洋政府任命他为北大校长后，他第一天来北大，站在校门口的校役排队向他致礼，他立刻脱帽鞠躬还礼。人们惊讶不解，作为由临时政府大总统特任的官员，哪能向校役鞠躬？但是人们议论归议论，以后蔡元培每天出入校门，校警向他行礼，他都脱帽鞠躬。就是这位宽容的、具有民主作风的校长，在任期内使北大脱胎换骨，使其变成了以追求学术研究为最高宗旨的新型大学。

北京大学自从 1917 年蔡元培来校任校长之后，仿效欧美，对校制进行了一番改革。蔡元培校长“囊括大典，网罗众家”，主张各派学说“兼收并容，以期各种学术之沟通”。因此，北京大学从以“中学为体，西学为用”为宗旨的改良主义旧大学转变成了以“民主与科学”为指导思想的近代大学。

蔡元培校长拉着李四光的手说：“李先生，欢迎你来北京大学，希望你能为中国培养出更多优秀的地质人才。”

接着，蔡元培带着李四光来到北京大学理学院地质系参观。蔡元培说：“我们想请你担任理学院庶务主任兼地质系主任，你看如何？”

“只要能为学校做事，我没有意见。”李四光说。

那时北大地质系在一座庙里，这座庙年久失修，院内杂草丛生，破砖烂瓦，一片狼藉，甚至连下脚的地方都没有。教学设备也十分简陋。李四光看到这些，心想：“这样的环境怎么能教学呢，应该好好整治一下。”他把这个建议告诉了蔡元培。

蔡元培说：“就按你的意思办，至于经费问题，学校会想办法的。办好北大是我们的责任。”

得到蔡校长这么爽快的回答，李四光对蔡校长不由产生了敬意。他暗下决心在北大一定要有所作为。他立马带领学生，丈量院子，亲自设计。先把院子里的杂草和垃圾清理掉，在院子的中央画了一个圆圈，再画出几条放射状的小道，分别通往大门、教堂、礼堂。然后在院子中间搭了一座石台，上面安放了一个日晷，汉白玉的圆盘在太阳光的照射下熠熠生辉。石台的四周刻上了一些名言警句，都是治学方面的且与地理有关。正面是“仰以观于天文”，背面是“俯以察于地理”，左侧是“近取诸身”，右侧是“远取诸物”。最后，将几间空房子改成了实验室，有几间改成了澡堂。

经过这样的规划设计，地质系的院子井然有序，面貌焕然一新，学习环境十分雅静。学生们和李四光在共同劳动中建立了深厚的友谊。

传道授业解惑

留学归国的李四光，经过十几年的磨炼，已不再是昔日那个质朴青涩的农家少年，而成长为一位英俊潇洒、风度翩翩的知名学者。

在北京大学地质系，李四光主要讲授岩石学和高等岩石学这两门课程。他备课十分认真，从不照搬照抄外国课本，而是自己编写适合中国情况的讲义。因此，他度过了无数不眠之夜。他对学生的要求十分严格，特别注重对学生基础知识和基本功的训练。

李四光上课讲得十分生动，内容极其丰富，但他往往只带几支粉笔，带一些实物，并不带很多参考书籍，因为他课堂教学的坚强后盾就是他平常读的大量的“自然书”，读“自然书”就是他的充分备课。他胸中装着大千世界，他的渊博知识早已储存在脑子里，讲起课来自然胸有成竹了。他要求学生能够掌握从岩石的肉眼识别，到显微镜下的鉴定以及进行全面的化学分析的技能。他讲课思路非常清晰。学生们都非常喜欢听他的课。他的考试方式也别具一格，除了要进行笔试以外，还发给学生几块岩石的标本，要求他们写出标本的名称、矿物成分、生成条件、与矿产的关系等。面对这种新鲜的考试方式，学生们小声议论。李四光说："同学们，我们学地质的，如果将知识仅仅停留在书本上，到大自然后，分不清这是啥那是啥，那显然不行。"

经过这种考试，学生们都注意平时的观察，注意将书本和实际结合起来，真正学到了一些本领。

有一天，学生拿着一份报纸来找李四光，对他说："先生，文学院的胡适教授教训我们要多研究问题，少谈些主义，还让我们钻到故纸堆里去整理国故。李先生，你怎么看呢？"

李四光说："我对胡适先生是很尊重的，他很有学问，但让大家钻到故纸堆去，我不大赞同。书是死的，自然才是活的。读书，是间接的求学；读自然，是直接的求学。只知道书不知道自然的人只能是书呆子。同学们，你们可不能成了书呆子啊！学习书本知识，人们只需要记忆与思索；然而向自然学习，人的各种机能都要同时并用，特别是精确的观察，尤为重要。"

后来没过几天，李四光就写了一篇《读书与读自然书》的文章并发表在《北京大学日刊》上，主要观点是世界是一个整体，相互之间都有联系，断章取义的做法不可行。他主张要深入自然，将书本的知识与自然结合起来，不能孤立地看问题。

李四光言行一致，在教学中十分注重理论联系实际。他经常带学生赴野外考察，实地讲解。一个山头、一个沟谷、一堆石子、一排裂缝，他都不放过。他要求同学们大量采集标本，回来后归类整理，陈列在实验室内以供教学研究之用。他告诉学生，重要的现象一定要记在记录本上。李四光说："野外这个大千世界中，所有的事物都是自然书中的材料，这些材料最真实，配置最适当。可惜我们的生命有限，不能把这本大百科全书一气读完。"

真正讲学的精神，拿李四光的话说，就是"不怀疑就不能见真理，要为真理而奋斗"。他认为，凡是新的见解，都是极其宝贵的；凡是创新的工作，都是应该受到尊重的。同时，李四光从广泛的研究中也渐渐感到，无论是哪一位科学工作者，他们在解释与论证地质现象的时候，都是利用他们各自所见到的事实为依据的，这样，各人所见难免有片面之处，论点也难免有不足的地方，需要后人扬长避短，通过新观察到的事实去加以补充和发展。

1921 年，他先后带领学生到河北沙河县、山西大同盆地等地进行煤田地质调查，还到北京西山杨家屯煤矿、三家店、昌平南口等地实习。通过考察，学生们收获很大，因为这些地方的岩层走向与我国北部岩层的走向大体一致，了解这些地方的地质状况，对于了解整个中国北部山脉和地层具有典型意义。

有一次，李四光带领学生去爬玉泉山。他先给学生讲解如何识别沉积岩与火成岩，然后让学生在这一带找找哪些是沉积岩，哪些是火成岩。

其间，有个学生问："先生，《西山地质志》里说这一带只有岩浆岩，我们能找到沉积岩吗？"

"书里虽然这么说，但我们要知道大自然是十分神奇的，我们找找看。"

这时，有个学生大叫起来："快来看，这不是距今六亿多年的沉积岩吗？"

李四光说："先别着急下结论，要再找一些证据。"

他们又翻过了一座山坡，发现山下有个工厂，经过打听，这是个石灰窑厂。原来这里生产石灰岩，用来炼铁的。事实证明，这里的岩石确实是沉积岩。

不久，他们又在大觉寺附近发现了花岗岩，却怎么也找不到德国地质学家李希霍芬在这里发现的闪长岩。是不是李希霍芬弄错了？学生们都来向李四光请教："李先生，这是什么岩石呢？”

李四光用放大镜仔细看了看说：“这是花岗岩！”

“那为什么李希霍芬说是闪长岩呢？”

原来，这里的花岗岩经过风化以及流水冲刷，在山谷里变成了很细的砂粒，很难辨认。李希霍芬可能把他错当成了闪长岩了。

“先生，那我们该相信谁的呢？”

“《西山地质志》可是农商部地质调查所出版的，那儿的顾问听说是瑞典专家安迪生啊！”

“德国的李希霍芬，他还亲自来这里调查过，他真的弄错了吗？”

大家对这个问题争论不休，最后，李四光说：“同学们，我们这一行，只有在认真调查研究的基础上，才能得出结论。如果看得不仔细就在纸上做记录，回去后凭记忆下结论，这样就会出现误差。李希霍芬虽然是著名的地质学家，但我们不能因为他是名人就坚信他的论断一定是正确的，我们只能相信事实。”

经过长期的野外考察，李四光走路养成了一个习惯，他每跨一步大约是 85 厘米，这样，在填写地质图，测量地层露头的长度、宽度时，他只要迈上几步，就能够心中有数了。他还要求学生也都能记住自己一步的大致距离。

在学生作毕业论文时，李四光的要求就更是严格。对每个学生，他都要逐个具体进行指导，因为他白天太忙，学生们就经常在晚上去他家请教，他就一边吃饭一边和他们进行讨论，让他们在写论文之前对要写什么、应该怎样写、要用哪方面的材料都做到心中有数，这样就不至于手忙脚乱。在学生写出初稿以后，他先大致地看一遍，做到自己心里有底儿，但他不做任何评论，然后要求学生先认真地反复修改，在学生自己觉得没法再修改以后，他再帮着修改，并且指出要修改的原因。他认为这样能够很好地培养学生独立思考的能力，让学生进步得更快。

对于毕业青年学生的前途，李四光是十分关怀的。杨钟键于 1923 年在北京大学地质系毕业，准备去德国留学，他写信征求李四光老师的意见。李四光感到当时中国还缺少研究古脊椎动物的专家，便建议他最好选择古脊椎生物，并为他介绍了导师。杨钟键学成归国后，毕生从事中国古脊椎动物化石的研究，成为我国最早在这方面做出大量贡献，并在国内外赢得了很高声誉的科学家。

严师出高徒，李四光的学生后来有很多都成为我国著名的地质学家，成为各自学科领域里的带头人，为我国的社会主义建设事业做出了很大贡献。真是桃李满天下。后来我国最早的著名地质学家章鸿钊先生曾由衷地称赞李四光先生“手种门墙桃李满，红也花开，白也花开”。

1928年，李四光到南京担任中央研究院地质研究所所长，后来又当选为中国地质学会会长。他带领学生和研究人员常年奔波野外，跋山涉水，足迹遍布祖国的山川。他先后数次赴欧美讲学、参加学术会议和考察地质构造。

强烈的民族自尊心

李四光在平时生活中非常简朴，当时很多同事都坐人力车，他却从不坐。他认为坐人力车就是剥削。因此，他一直骑自行车上班。他对穿着也不讲究，有时候裤子破了都不在意，所以有的学生开玩笑叫他“破裤子”先生。

除了传授学生科学文化知识，李四光还注重培养学生的爱国情操。在半殖民地的旧中国，中国人民饱受欺凌，外国人根本不把中国人当人看，在上海的一个外国租界里，就曾经挂着“华人与狗不得入内”的牌子。在国外的中国人更加遭受歧视，在外国人眼里，他们连狗都不如。李四光先生在国外留学多年，更是深刻地感受到中国人受歧视的耻辱，从而产生了强烈的民族自尊心。他决心要以自己的一言一行来捍卫中国人的尊严。他曾经说：“我们不能不承认人家的文化程度比我们高，艺术比我们精。人家的地方已经开辟到十分田地，我们的一块沃土还在那里荒着呢。请他们来做好了，再拱手奉还给我们，世界上恐怕没有那么一回事。所以，我们一线的生机，还是在我们的民族，大家打起精神，举起锄头向前挖去。”

李四光上课时有个习惯，除了科学上的一些专有名词以外，他始终坚持用中文讲解。

有一次在原北京大学理学院二部，有个英国人来参观，还带了一个翻译。身为地质系主任的李四光接待了他。李四光先生很有礼貌地带他到所有的实验室去参观，并且还用中文给他介绍情况。那个英国人根本就没听进去！他看李四光穿着一身很旧的西服，样子非常寒酸，就以为他是个普通的工作人员，从心底里瞧不起他，于是摆出一副很傲慢的架势，当然心里也窝着一团气，心想：我堂堂大英帝国公民来到你北大，居然派了个穷书生来陪我，这不是小看我了吗？

那个英国人态度十分傲慢，嘴里叼着雪茄烟，生气地对翻译说：“我要教授陪我，最好直接用英语谈话。”

那位翻译就对李四光说：“是不是我们明天再来？可是得请一位能说英语的教授来陪。”

李四光愤然地说：“明天也是我！请那位先生不要在实验室里抽烟。”

当那位英国人知道李四光是个教授时，不得不当场表示歉意。

一次课堂上，一个学生叫他“Mr Li”，叫了几声后，李四光就问那个学生在叫谁。那个学生说:“叫你啊,老师。”

李四光说:“你可以称我老李、小李甚至是阿猫、阿狗什么的,但是我不允许你叫我 Mr Li。”

还有一次,李四光带了七八个北京大学地质系的学生到湖北省的宜昌做野外地质考察工作。在街上他们看见一个美国人正和一个拉人力车的中国人在争吵着什么,原来那美国人坐车到了目的地,却想赖账不付钱！周围围着一大群看热闹的中国人,没有一个人敢出面主持公道。这时又见那个美国人正举起手杖要打那个车夫。李四光十分气愤,立马跑到那个美国人面前,对他厉声喝道:“不许打人！把钱给他!”那个美国人先是心里一惊,愣了一下,再定睛一看,原来是个穿着破西装的中国人！这样的穷鬼居然敢来吆喝我这个美国人？这不是有眼不识泰山吗？那个美国人竟然很不讲理地冷笑一下,准备一走了之。李四光和几个学生操起地质锤把他拦住了。那个美国人一看情况不妙,只得乖乖付了车钱,灰头土脸地走了。路上的行人都为此感到扬眉吐气。

1926 年,军阀张作霖控制了北洋政府。广东国民革命军开始出师北伐。1927 年 6 月,张作霖自称大元帅,指派刘哲为教育总长。不久,北京九所国立大专学校被合并为“京师大学校”,北京大学为此而一度中断。由于形势恶化,越来越多的学者开始注目于南方。南京政府决定成立中央研究院,李四光应院长蔡元培的邀请,离开北京去南京、上海等地主持地质研究所的筹建工作。从此,李四光结束了在北京的八年生活,开始了新的征程。

勇攀地质高峰

在科学问题上，不能为已成的学说压倒，要为真理而奋斗。

解开了蜓科的秘密

在教学的同时，李四光对科学研究工作也毫不放松，他一生中在地质学方面的主要贡献，如古生物蜓科的鉴定方法、中国第四纪冰川的发现和地质力学的创立，都是在这期间开始的。在研究过程中，他从不为已有的观点和学说所束缚，而是按照自然规律，去寻找尚未被人们认识和掌握的真理。因此，他能不断提出创造性的见解，并且敢于向一些旧观点提出挑战。

李四光在北京大学任教期间，有一次，在带领学生进行野外教学的时候，一个学生发现了一块奇怪的石头，这块石头看起来很普通，却有些光泽，在阳光下一照，能看到里面有条虫子。学生立即把它交给了李四光。

李四光对着阳光仔细看了又看，说："这里面的虫子很有可能就是外国人说的那种叫纺锤虫的东西。"

"什么是纺锤虫呢？"学生们带着疑惑的表情，异口同声地问道。

"中间大、两头尖，形似纺纱用的纺锤，你们看这石头里面的虫子就是这个样子。只不过它只有黄豆粒那么大一点，日本人根据它的形状称它为纺锤虫。”

“哦，原来如此啊！”

“那为什么这虫子跑到这石头里来了呢？”

“这就说来话长了。这就叫做生物化石，纺锤虫是亿万年前生活在地层中的一种生物体，主要生活在海水侵蚀过的或者低洼的地层里面。后来，由于生存条件的变化，他们就大批死亡，直至灭绝。他们有的被夹进了石块中，保存下来，就成为我们现在看到的这种化石。”

原来一块小小的石头还有这么多的学问在里头，学生们都争相传看这块小石头。

“先生，这种化石有什么用途吗？”有学生着急地问。

“当然有用了，根据国外资料，这种化石有很多种类，对这些不同种类的化石进行比较，就能够准确地划分出各种不同地层的先后顺序，从而为发现地下资源提供依据。比如，这种化石所在的地层，藏煤量很丰富，如果能鉴别出不同化石的种类，就可以知道地下埋藏的煤炭的情况了。”

不久，李四光就开始着手搜集这种化石。当时国外也有相关研究，但李四光认为都比较零星，并没有成系统。因此，他决定自己动手，开始了对这类化石的研究。

关于这种化石的命名，李四光觉得“纺锤虫”不太合适，我国古代把纺锤叫筳，李四光就在“筳”字的“廷”前面加了个“虫”字旁，起名叫“䗴科”。

䗴科是保存在地层中的一种微小的古代生物遗体。通过对䗴科的种属鉴定，可以较为准确地划分含煤的石炭二叠纪地层的先后顺序，为寻找和开发煤炭资源提供依据。为了弄清中国煤矿的分布情况，李四光从 1921 年开始从事对䗴科化石的研究。由于它体积很小，用肉眼只能看到它那橄榄形的外壳，要研究它的内部结构，必须将它们磨成又细又薄的片，放到显微镜下才能看清楚。

李四光利用暑假，抓紧对䗴科的研究。八月的北京，骄阳如火，酷热难当。在薄片磨制室里，李四光和磨薄片的助手朱师傅忙得不可开交，他们常常是汗如雨下却来不及擦，只顾着埋头磨石。朱师傅先用金刚石切刀将䗴化石切成磨片，然后放到配有粗细金刚砂的磨盘上精心磨制。当磨到一定程度时，李四光便接过来亲自研磨，他手拿显微镜，将薄片放到显微镜下，看一看，磨一磨，直到磨至约 0.03 毫米的厚度，使它变成一张形同薄纸的石片。这样光线可以透过薄片，使薄片内部结构清晰可见。这种厚度当时并没有工具可以测量，只能依靠经验和技术。

年复一年，李四光坚持不懈钻研䗴科。通过显微镜，他终于看清楚了䗴科的内部结构——一些蜂窝状的小格子。他根据小格的不同排列，鉴别它们不同的种属，判定出它们的进化阶段，进而推断出含有这些不同种属的化石岩层的时代。例如，蜓科是石炭二叠纪地层的标准化石，石炭二叠纪是产煤地层，由此可以根据这些已经划分出层的岩层，考察它们如今的分布状况，从而寻找出煤矿分布的规律。这门学科称为古生物地层学。

李四光通过对大量化石的研究，深感对其描述鉴定烦琐，就创立了鉴定的十条标准，提高了鉴定的科学性和准确性。李四光的这一科学方法被中外地质学家广泛采用。他将已经鉴定出来的䗴科的不同种属拍成照片，接着便投入了紧张的论文撰写之中。他将自己多年的研究成果写成《中国北部之䗴科》一书。在这部学术专著中，他根据不同种属的化石，解决了多年争执不下的地层划分问题。他的科学论证不仅平息了中国北部含煤地区石炭纪地层划分的争论，而且对北美石炭纪地层的划分也产生了重大影响。

著作出版后，李四光连忙给自己在英国的导师鲍尔顿教授寄去了一份自己的论著。鲍尔顿看后十分高兴，立即向伯明翰大学进行推荐。鉴于这部著作有很高的学术价值，伯明翰大学授予李四光自然科学博士学位。

李四光并没有满足于此，他并没有停住研究蜓科化石的脚步。二十世纪三四十年代，他又对中国南方的蜓科化石进行研究，并将南北方的蜓科化石进行对比，提出了新的研究课题。

第四纪冰川

中国是否有过第四纪冰川，对研究我国第四纪地质和地貌是一个非常关键的问题，对于解决工程地质、水文地质等有关问题也很重要，在农业生产建设的实践中，对兴修水利、发展灌溉、防止水旱灾害，开垦荒地、扩大耕地面积，发展山区经济，改良土壤，开展水土保持工作等，都具有重要的意义。例如，冰川泥砾的渗透小，对蓄水储水能起到良好的保水作用。在拦河筑坝、修建水库的设计工作和进行施工的过程中，对冰碛物和其他与冰流作用有关的沉积物的分布如果不加以详细的调查、研究和慎重的处理，就会造成很大的损失。如本来某些坝址具有渗透率很低的冰川泥砾，如果不认识它，错以为它是古河床沉积，因而把它挖掉了，就会造成很大的损失。另外，中国是否有过第四纪冰川对矿产资源的勘探工作，尤其是对在含有矿砂的地区进行勘探并根据冰川流行的踪迹去追索砂矿的来源，直到凭借这些依据找到原生矿床的产地，都是很重要的。

第四纪冰川，是在地球最新的一个地质年代内，大部分地区多次发生的冰川活动的总称。

地质专家的研究表明，在地球发展史上曾先后出现过几大冰期——大地被冰雪覆盖，后来地球转暖，冰雪融化，就形成了流动的冰川。根据专家们推算，距今年代最近的一次冰期发生在二三百万年前的第四纪，故又称第四纪冰川。在欧美许多国家都发现了第四纪冰川的遗迹，但那些身在中国的欧美专家在没有经过详细考察的情况下就断定中国没有第四纪冰川。

对于这种结论，李四光不肯轻易相信。第四纪冰川对研究我国的第四纪地质和地貌，以及解决工程地质、水文地质等是一个关键问题。李四光在 20 世纪 20 年代到 30 年代，在大同盆地、太行山麓以及庐山等地发现了大量冰川证据，经过长时间的考察研究，确认中国存在第四纪冰川，并最终得到国际科学家的公认。

1921 年春夏之交，李四光带着北京大学地质系的学生来到太行山麓的沙河县考察地质，发现一些颇为典型的冰川条痕石。随后，李四光又在山西大同盆地口泉附近发现了一个冰川 U 形谷，在谷底也有许多典型的冰川条痕石。李四光将条痕石标本带回北京，并专门找了瑞典地质专家安迪生进行鉴定，没想到这位洋专家不屑一顾地将标本扔在一边，说:“李希霍芬是德国有名的地质专家,在中国做了30多年考察,都没有发现冰川……”

李四光耐心地等他把话说完后,指着自己从太行山背回来的条痕石标本说:“请你看看这又深又长的条痕……”

然而安迪生却轻蔑地说:“我们没有发现的东西,你们中国人是永远不会发现的!”

听了这气人且带有极大歧视性的话,李四光马上起身,搬起标本石头毅然地走出房门,他相信真理是掩盖不住的。

1922年,他将自己的发现撰写成一篇题为《华北晚近冰川作用的遗迹》的文章并在伦敦发表。而后,李四光并不满足自己已有的发现,他想去找到更多确凿的证据。

于是,他带领学生翻山越岭,先后考察了太行山、九华山、天目山、庐山等许多地方的冰川遗迹,获得了丰富的第一手资料。他在课堂上和文章中不断公布自己的研究成果,但一些国内外学者对此仍持怀疑态度。

1934年春,丁文江、翁文灏设法筹集了一笔数目不小的款项,邀请在华的外国地质学者到庐山参加第四纪冰川遗迹讨论会。应邀参加这次讨论的有瑞典地质学家安迪生、美国古气候学家巴尔博、瑞士的诺林、法国的德日进及特茵哈兰等人。

李四光和几位青年学生参加了这次研讨会。为了用事实证明自己的结论，李四光带领这些国外专家登上庐山进行实地观察，当他们登上小天池时，李四光指着小天池下的U形谷说："先生们，请你们看冰川流动铲削成的U形谷！"

这时，法国人德日进却指着U形谷下一道深深的水沟说："这条水沟可以说明，这道山谷是过去的流水冲刷出来的。它与冰川没有什么关系。"

李四光立即反驳道："先生们，请你们注意这条水沟的位置，水往低处流，这是普通的常识。可是这条水沟，为什么不在谷底，却在谷底偏上的一侧呢？如果这个山谷是流水冲刷出来的，谷底就应该成为V字形，为什么它现在是U字形呢？"

李四光的一席话使在场的外国专家一时无语，因为李四光谈到了问题的本质。在场的人都清楚：古代冰川遇到气候转暖时便会融化，由于冰块表面将大部分阳光反射出去，所以它吸收的热量较少，而冰块两侧的山谷所吸收的热量则远远超过冰块，因此，冰块首先是从与山谷两侧岩石相接触的地方开始融化，这样在冰块两侧形成冰川排水道，而且山谷的阳面冰块融化快，冰水量较大，这面的水沟越来越深，所以冰川形成的水沟不在谷底，而是比谷底略高一些。

面对事实，德日进稍稍沉吟了片刻，又辩解道：“我是说，那宽阔的谷底，是古代的流水冲刷出来的；而那深深的水沟，则是今天的流水切割出来的。”

这回答使李四光感到很好笑，他幽默地反问道：“古代的流水竟能冲刷出宽阔的谷底，而今天的流水倒只能切出深沟。请问，这古代的流水和现代的流水为什么会产生这样截然不同的结果呢？”

德日进被李四光的反问弄得十分尴尬。

随后，李四光又用大量事实驳倒了几个外国专家的诘难。他的论点鲜明，论证有理有据，这几位傲慢的外国专家再也找不出反驳的理由，但又不肯服输，以致辩论无法继续进行。另有几位欧美学者在确凿的事实面前开始转变态度。瑞士学者诺林在鄱阳湖畔看到石灰岩表面的条痕时，低声对李四光说：“假如在我们国家，这就是冰川造成的遗迹。”

美国学者葛利普也私下承认：“这很像我在美国看到的冰川地形。”

1934 年底，应英国剑桥、伯明翰等八所大学的邀请，李四光偕夫人及女儿前去英国讲学。在伯明翰大学，李四光讲演的题目是《中国地质学》。他一口纯熟、标准的英语，使在座的不少人为之倾倒。在讲演中，他首先介绍了中国的自然区划，接着讲述了自己研究的新成果，如中国第四纪冰川的遗迹、几种地壳构造体系等，并且进一步指出，造成地壳运动变迁的主要原因是地球自转的速度在漫长的地质年代中发生了时快时慢的变化。

李四光的很多观点与传统地质学观点大相径庭。讲演刚一结束，他立即被很多听众围得水泄不通。人们对他提出的新理论的态度不尽相同。对于各种疑问，李四光都十分从容地予以解答，同时也驳斥了一些荒谬的观点。他的论证逻辑性很强，即便是反驳也显得颇有分寸，这种不卑不亢的态度，赢得了在场许多学者的钦佩。

讲演结束后，李四光立即动手整理自己的讲稿，亲自打印、拍照、校对，完成了《中国地质学》一书。随后，他便踏上了回国的旅程。

为了考察西半球的地质状况，李四光在回国途中特意绕道美国。他没有去游逛繁华喧嚣的大都市，而是翻越崇山峻岭，在人迹罕至的荒野中进行考察。正是这种抓住一切时机进行研究的宝贵精神，使李四光逐渐攀上了地质学的高峰。

1936 年 4 月，李四光一家回到上海。将妻女安排妥当之后，他独自回到南京地质研究所，随后带领学生，出发到安徽黄山进行考察。

他们爬上海拔720米的慈光寺，寺中的大殿飞檐斗拱、金碧辉煌，一位身披袈裟的小和尚热情地向他们介绍着这里的风景："先生们请看这北边五座山峰，多像五匹马呀。据说，从前每到夜晚，这五匹马就到这殿前石头池子里饮水，所以这池子叫'五马饮槽'……"

"现在呢？"人们好奇地问道。

"自从修起这道围墙，它们就不来喝水了。"小和尚边说边用手指点着。人们顺着小和尚所指的方向望去。忽然李四光眼睛一亮，他大声对学生们说："你们看！"他指着左面的珠砂峰和右边的紫云峰，用右手在空中划了一个大半圆形，"这就是U形谷。古代冰川沿着山谷往下滑动，铲削力相当大，常把山谷削成深槽，谷壁陡直，谷底平缓，切面是U字形。"

说完，还没等小和尚弄明白是怎么回事，李四光已经带领学生冲向那个令他们兴奋不已的U形谷。在那里，他们发现了冰川的确凿证据，李四光指导学生们绘制地形，挑选标本，拍摄照片，然后满载而归。

根据这次黄山考察的发现和研究，李四光用英文撰写了《黄山第四纪冰川流行的凿据》并送到国外发表。在这篇文章中，李四光列举大量事实驳斥了中国没有冰川的谬论，在不可否认的事实面前，那些过去持错误观点的地质权威也不得不低头认输。

在南京中央大学任教授的澳洲专家费思孟读了李四光的文章之后，亲自跑上黄山，却什么也没有找到，最后只得来找李四光，请求李四光陪他再上黄山。李四光慨然应允。

费思孟从黄山回到南京后立即发表了《中国第四纪冰川》一文，承认“这是一个翻天覆地的发现”。而那位曾经非常顽固的安迪生，这次也特意从瑞典赶到中国。当他看到李四光手里大量的资料后，再也没话可说。他跑到西康找到一些冰川材料，返回瑞典后便大做文章，吹嘘自己如何在中国发现第四纪冰川的遗迹，却闭口不谈中国人取得的巨大成果。但不管怎样，中国存在第四纪冰川终于成为举世公认的事实。

为了进一步开展第四纪冰川的研究，李四光和同行们继续四处考察，他干脆把家搬到庐山上，又在鄱阳湖的白石嘴上建立了一个冰川陈列馆，起名叫“白石陈列馆”，更深入细致地进行冰川研究。但是不久陈列馆便接到南京政府的电话，说鄱阳湖是军事要地，要求陈列馆立即搬迁。地质研究所派人到鄱阳湖与当地国民党驻军交涉，却无济于事，陈列馆被炸成一片废墟。李四光关于冰川的多年研究，在 1937

年完稿的《冰期之庐山》中得到全面阐述。可惜由于抗战爆发，这部书10年后才得以出版。

1937年抗日战争爆发，日本采取“速战速决”的策略，在攻陷上海之后，立即进逼南京。国民党政府机关随蒋介石迁往重庆，当时南京中央研究院代理院长朱家骅命令各研究所也一同迁往重庆，否则停发经费。地质研究所所长李四光、社会研究所所长陶孟和及物理研究所所长丁燮林等人一向对蒋介石独裁不满，他们经过反复商量，决定不随蒋介石去重庆，而是南迁广西，并且以广西文化落后，迁去几个学术机关有好处为理由搪塞朱家骅。随后，李四光带领下属亲自打点行装，将研究所的资料仪器全部装好运走，自己偕妻女及全体工作人员乘船向广西桂林进发。

来到广西后，研究所起初设置在桂林环湖路的一座二层楼房里。不久楼房被日军飞机炸塌，研究所便转移到桂林郊外的四川会馆，但这里也很快被日寇的飞机炸为废墟。之后，地质、物理研究所迁到远离桂林的良丰，而社会科学研究所则搬到昆明。良丰地处山区，日寇飞机轰炸次数较少，李四光在这里开办了广西实验馆，并附一座工厂，生产小型科研和教学仪器。为了方便生活，他还亲自设计、建造许多简易住房，并且带领大家打了一口水井。住宿问题刚刚解决，由于物价飞涨，研究所的科研经费和生活费都出现了困难，李四光幼年患过肺病，如今过度劳累和营养不良，使他又开始不停地咳嗽。尽管如此，他仍然以顽强的毅力率领工人努力生产。他们的产品很受欢迎，第二年工厂不仅自给有余，而且增添了设备。李四光还经常与研究所的同行四处奔波，为广西、湖北、江西、福建等省找矿，把挣来的钱用于解决科研经费和职工生活困难。有时公家费用不能按时发放，李四光就将自己的钱拿出来供大家使用。就这样，李四光领导大家克服了一个又一个困难，在战火纷飞的年代，继续从事着科学研究。

1940 年秋，李四光与几位学生到鄂西恩施和建始一带继续考察冰川遗迹。当他们一行到达湘西黔阳县城时已是人倦马乏，于是来到一家茶棚里休息。就在他们坐着喝茶时，一位衣衫褴褛的农民悄悄走过来向他们推销珍贵的金刚石颗粒，李四光连忙拉住他的衣袖，请他坐下一同喝茶，并且详细询问了金刚石的来源。按照这位农民指点的路线，李四光等人穿过甘蔗田，越过长满柑橘的小丘陵，走进深山。在山间的岩壁上，他们发现了一条冰川擦痕，证明他们又进入了一条 U 形谷。他们急切地四处寻找，结果在一块大砾石的下面，发现了一颗虽然细小但闪闪发光的金刚石砂粒。

有学生问："李先生，你认为它们可能是冰川搬运下来的吗？"

李四光答道："是的，我正是这样分析的。"

接着，他向学生们进一步阐明自己的想法，最后他总结道："以前我们是沿着出金砂的河床往上游找金矿，现在我们要注意冰川泥砾的分布，它是追溯金刚石矿岩脉的重要线索。"

说到这儿，他顺着冰川的走向朝上游望了望，接着说："我们在这儿发现的金刚石砂，它的原生矿床应当在这冰川故道的高原上。这样一来，研究冰川遗迹，就与找寻矿产的普查勘探工作密切地联系起来了。"李四光的一席话，使大家茅塞顿开，对自己的研究工作更加信心百倍。

从 1921 年考察沙河县的那些奇怪的大石块开始至今，李四光在这十几年的时间内，和他的学生一起数不清走过了多少地方，翻过了多少山，趟过了多少条河，遇到了多少次险，与那些所谓国外的"权威"专家们斗争了多少次，终于战胜了"权威"，赢得了真理。可以看出，任何科学真理的获得，都不是一帆风顺的，它需要扎实的基础、求实的精神、顽强的毅力和辛勤的血汗，有时甚至要为此献出生命。

地质力学的创立者

1927 年,李四光离开北京南下南京,主持地质研究所的筹建工作。1928 年 1 月,地质研究所成立,李四光担任所长。搞地质研究常常要风餐露宿,条件十分艰苦。刚成立的地质研究所经费少,设备缺,甚至没有固定的所址。八年抗战期间,李四光和他的研究所受尽奔波辗转之苦。那时,他抽的是用草纸做的烟,穿的是土布衣服,生活十分清苦,但是,他和同事们始终没有放弃地质研究。由于生活的艰辛和工作的劳累,他患了心绞痛和肺结核。

20 世纪 20 年代末,李四光已经开始研究地球的运动规律,建立了地质构造体系。但有一个问题一直困扰着他:到底是什么力量使地壳表面出现了各种类型的地质构造现象?多年来,李四光一直没有停止对这项工作的研究。

有一天,他从工作室出来,由于全神贯注地思索,竟朝着与回家路线相反的方向走去,直到走进松树林,一声狗叫才打断了他的思路。他发现一只小狗蜷缩在一棵大树下,便将狗带回家,并给它起了个名字“阿龙”。李四光的女儿为小猫出入房门方便，在房门下端开了个小洞，阿龙见小猫钻洞，也想钻，但它身子比猫肥大，钻不进来就在洞口汪汪直叫。李四光看到后便对女儿说："你是否学学牛顿，在这个洞口旁边，再开一个阿龙可以通行的大一点的洞呢？"

李四光本来是顺口提起了牛顿，但这一提倒使他想起了牛顿力学中的作用与反作用定律，即某一物体受到另一物体的作用力时，必然产生与之相应的反作用力。李四光由这个定律得到启示：地球自转运动中所产生的离心力，必然会使地壳产生一种应力——地应力。地壳上的各种构造型式就是由于受到地应力的作用而形成的。

为了从理论上研究地应力的作用，李四光进一步钻研力学、高等数学等相关学科，同时决定通过模拟实验进行验证。

有一天，他从旧货店买回来一个铝制的空心大圆球，有点像锅却又不是锅。夫人很纳闷，不知道他葫芦里卖什么药。女儿知道爸爸要做实验了，就跑上前去，问："爸爸，要我帮忙吗？"

李四光将铝球安装在一根轴上，这就是地球模型。然后拿出一包铅粉和一包纸浆，对女儿说："帮我把他们调成浆，要调得不干不湿。"

在女儿的协助下，他将调好的纸浆均匀地敷在整个球面上作为地壳。一切准备完毕后，李四光开始旋转铝球，他说："注意，看'地壳'有什么变化！"

随着旋转速度的加快，只见在"地球"两极和赤道之间的纸浆因离心力的作用开始错位，缓缓向赤道方向移动，形成一个近似山字形构造形式，它的弧顶向着赤道方向（即向南）突出，在弧形中间出现了一条南北方向的脊柱。

这个实验使李四光大为振奋。之后，他又和他的学生们一起在实验室反复进行多次模拟实验，实验结果使李四光能够用力学原理来解释自然界地壳上出现各种构造的原因。以山字形构造为例，当离心力推动地壳向南运动时，这个山字形的弧顶便向南突出，并形成一条东西向的脊柱；同样，如果离心力推动地壳向东西向运动，就会产生南北向的褶皱；如果地壳受力不均，就会形成扭动的构造型式……实验还进一步证明，这种力的作用影响到地球深处时，就会促使地下的某些矿藏向某个构造带集中，形成不同的矿床分布。

这是李四光地质研究中一个了不起的转折点，他将力学引入地质学的研究领域，并将二者有机结合，创立了一门新的边缘学科——地质力学。从此以后，各种地质构造现象便都可以用力学的观点加以解释并寻找规律了。

1940 年冬天，李四光带领学生赴野外考察，途径江西，到达福建后住在厦门大学内。厦门大学校长请李四光作学术报告。李四光不顾旅途疲劳，做了精心准备。就是在这次报告中，李四光首次提出了地质力学这一崭新的科学课题，这是他的独创，也是地质学研究的一个飞跃。

为了进一步论证地应力对各种地质构造的作用，李四光和学生们走出实验室，来到多次考察过的雁山，在第四纪冰碛和冰水沉积物中寻找标本。

很快，一位名叫张更的学生发现了一块大约一寸多长、形状类似马鞍的小砾石，他拿着这块小石头去请教李四光。李四光手拿放大镜仔细端详这块石头表面的擦痕、弯曲的褶皱和清晰的纹路，根据石头所在地的环境，对大家说："这块小砾石弯曲成马鞍形，我想它可能是这样形成的：一端被紧紧夹在坚硬的石缝里，另一端长期被冰流推压着，渐渐地就成了这个形状。它证明岩石并非只会碎裂，在一定条件下，它也是具有可塑性的。"

张更看到李四光如此珍爱这块小砾石，便把它送给了李四光。李四光把它视为珍宝，特意请木工做了一个精致的小木盒，将它存放起来作为科学研究的宝贵标本。他还为此撰写了专题论文《一个弯曲的砾石》，在英国著名杂志《自然》上发表。

就是这块小小的砾石，还有一段曲折的小故事。

当时广西大学邀请李四光作学术报告，李四光在讲到各种地质构造类型的形态时，就拿出了那块珍贵的小砾石，一边举给听众看，一边饶有兴致地说：“我搞了这么多年地质，还没见过这么好的标本呢。这块马鞍石，将引导地质力学进入研究岩层的弹性和非弹性力学的领域。”

听了李四光的介绍，学生们蜂拥上来争着看标本，李四光便把小石头放到木盒里递给台下的学生，让大家轮流观看。但万万没想到，当报告结束时，送到李四光手中的竟然是一个空盒，他心爱的小砾石不翼而飞了！这可急坏了李四光，他向台下询问，但大家你看看我，我看看你，谁也不吱声。

李四光回到家里愁得茶不思饭不想。广西大学校方也深感内疚，无奈只好在西林公园张贴一张公告，声明这块小砾石只有学术价值而无经济价值，公告写道：“为了不使李先生的研究工作受到影响，希望拿走这块小石头的同学，立即放回相思洞旁边的石阶上。”

两天之后，这块弯曲的小砾石便奇迹般地物归原主了。

从那以后，李四光只当面让人看这块石头，从不让人拿走。从这件事可以发现，李四光对石头的钟爱其实是他热爱科学事业的表现。

李四光一生倾注心血最多的就是他创立的地质力学。这门地质学的边缘学科，主要运用力学的观点，研究地壳的各种构造体系和构造型式，进而追索地壳运动的起源，探讨解决地壳运动问题的途径。这些研究对矿产的分布规律、工程地质、地震地质等方面问题的解决具有重要意义。李四光耗费 40 余年之力创立的地质力学，不仅是他自己的重大理论建树，更重要的是，他运用地质力学理论指导了全国地质普查的战略选区工作，对我国东部油田的发现做出了巨大的贡献。

李四光所著《中国地质学》自 1939 年在伦敦出版后，受到英国地质学界广泛的关注与赞许，但也有人指责这本书重在理论探讨，没有包括矿产分布是一个明显的缺点。对于这种指责，李四光愤然反击，他说："为什么要包括中国的矿产分布？在中国政府还受帝国主义支配的时候，难道要把矿产写出来，便于帝国主义掠夺吗？"爱国之情溢于言表。

与此同时，李四光也对地质学的有关问题进行更深层次的研究。他的《中国地质学》一书曾对各种具体的构造类型的研究进行了总结，但他认为只做到这一步是不够的，还应该在理论上找出各种构造的独特本质，去修改、完善构造体系这个概念。他在研究中发现，我国的东西构造带与其他构造体系有着显著不同，例如华夏系的走向是东北——西南，而新华夏系的走向则为北北东——南南西。另外，山字形构造的特点是前弧一般向南凸出。这些不同类型的构造体系，往往显示对不同矿产的控制作用。如：在东西带中，有时蕴藏着铜、钨、锡、金等类的重型矿体；在新华夏沉降带中，则有沉积某种矿物资源的条件，例如石油之类；至于煤田的分布，往往与山字形构造有关。这是为什么呢？李四光废寝忘食地研究着这些问题。

拳拳赤子心

中国有了共产党，中国就有了希望。

正气比石头还硬

甲午战场上不可一世的日本人，长江上穷凶恶煞的外国军舰，这一切就像李四光童年记忆中的一根刺，时不时扎着他的心。随着年龄的增长和阅历的增加，李四光越来越意识到：国家贫穷落后就会被动挨打。常常夜深人静时，他辗转难眠，热血沸腾，时刻准备着用自己的学识报效祖国，用自己的微薄之力帮助受苦受难的同胞们。

随着时间的推移，李四光科学救国的理想也变成了幻想。颠沛流离的生活，苦不堪言，但始终不能摧毁他坚持搞科研、探索大自然奥秘的意志。地质力学的倡导、古生物䗴科的分类、中国第四纪冰川学的奠基是李四光对地质学的重大贡献。在痛苦中，他逐渐认识到新民主主义革命和社会主义革命的必要性，这是超越他已知的自然科学真理的另一个真理。他祈愿着有朝一日，得见政治清明之世。

1937 年 7 月 7 日，日本发动全面侵华战争，中国人民开始了全民族的抗战。大炮声、枪声、呼喊声划破了宁静的夜空，撞击着李四光的心，他一面坚持自己的研究，一面紧握着拳头，打算为抗日战争做点什么。

蒋介石、汪精卫在庐山邀请全国各大学的教授及各界领袖举行谈话会，美其名曰交换对政治、经济、教育等方面的意见，李四光作为首批邀请对象到了庐山。日本侵占华北以后，气势汹汹一路南下，扬言“三个月内灭亡中国”。中国人眼看就要国破家亡，沦为亡国奴了。李四光心情忧愤，想尽自己的力量，为挽救国家做一些事情。但是蒋介石这次谈话会持什么基调呢？他心里没有数。李四光是个谨慎务实的人，拿不定的事，他一般不愿轻举妄动。好在他和汪精卫早年在日本同盟会时就熟悉，后来到了南京，与他也有过几次交往。这时汪正住在庐山，不如先到他那里看看，摸摸底再说。两人略作寒暄便进入了正题。李四光说，形势到了这个地步，一定要打。他提出“现在再不打，别无出路”的观点。汪精卫却大谈不能打的道理，他认为打不是办法，只会激化中日之间的矛盾，使日本找到进攻的理由，并且中国军队的力量和武器装备远远比不上日本，真的打起来了，吃亏的还是中国，那时将会有更多的中国人沦入痛苦和不幸中。李四光说，日本人的野心众人皆知，不抵抗只会束手就擒，使国家一步步走向灭亡。两个人没有说到一块，相互顶撞起来。这使李四光非常失望，一怒之下转身就走了。

当蒋介石、汪精卫正式举行谈话会时，李四光断然拒绝了他们的邀请。但是蒋介石和汪精卫还是有区别的。7 月 17 日，蒋介石在牯岭召开第一次谈话会。蒋介石谈了目前国内的形势、国民党抗战的部署以及这次召开谈话会的打算。为了树立国民党在各界人士心中的形象，最后，蒋介石神情激昂地表示："如果战端一开，那就地无分南北，人五分老幼，无论何人，皆有抗战守土之责任。"谈话会结束，蒋介石宴请了参加座谈会的各界人士。这次受到邀请的人，绝大部分都如约而来。有些人巴不得有这个机会，接到这样的邀请，岂有不来之理？像李四光这样在国统区的知识分子能够拒绝参加，没有骨气是做不到的。

由于李四光不买蒋介石的账，加上他一贯的反蒋思想，当传来蒋介石要抓他的消息后，为了家人的安全，全家不得已搬到了农村。农村幽静的环境更让李四光静下心来从事科学研究。在煤油灯下，他完成了《二十年经验之回顾》《山字形构造实验和理论研究》等论文和著作的初稿。当时的生活条件十分艰苦，即便如此，他也继续坚持自己的科学研究。

战争形势的发展比人们料想的快得多，"七七事变"过后仅一个月，日军在上海发动了"八一三事变"，大举进攻上海。11 月 5 日，日军在杭州湾登陆，向国民党军阵地右侧迂回包围,国民党军被迫撤出上海。

之后,国民党政府无奈迁往重庆。中央研究院也要求随政府迁往重庆。地质研究所该何去何从?随研究院迁往重庆是不可能的,因为看目前战争的形势,南方沿海及滨江重镇早晚也是保不住。

在犹豫中,李四光忽然想起,他曾经想在广西大学校园内设立一个科学实验馆,培养技术人才,从事战时物资器材的研究。这个想法得到李宗仁和广西大学校长马君武的赞许。于是李四光在没有住房、天天防空、缺乏经费的困难处境中"落户"桂林,同时迁往桂林的还有丁燮林领导的物理研究所。在八年抗战的艰难岁月中,李四光在桂林度过了将近七个春秋。当时的桂林,没有战火的骚扰,有一个相对平静的环境。

在广西,李四光认识了一位新朋友叫范长江,是著名的新闻记者。范长江曾给李四光介绍过陕北延安在中共中央直接领导下,军民团结,抗日救亡的动人事迹;也介绍过"西安事变"。他在那里采访时,见到周恩来代表共产党从民族利益出发,为争取蒋介石抗日,耐心宣传国共合作、一致对外的道理,促进和平解决"西安事变"。自此,李四光对共产党和周恩来十分钦佩。

1939年9月，李四光写了《建设广西的几个基本问题之商榷》一文。这篇文章深刻地表达了一个真诚的爱国者在抗日战争时期对祖国前途的关切；同时也反映了作者为什么风尘仆仆地来到桂林，并且迫不及待地商讨筹办科学实验馆，参加并关心广西各个方面建设的心态。

1941年，李四光获得“丁文江先生纪念基金委员会”奖金。此时抗日战争进入相持阶段，全国人民忍饥挨饿支援抗战，而以蒋介石为首的四大家族却利用“抗战”的名义横征暴敛，大发国难财。

广大学生对国民党官僚的贪污腐化深恶痛绝，在中共地下党组织的领导下，昆明的西南联大发起“捣孔学潮”。广西大学学生听到消息后，立即响应，他们同心协力，将替国民党卖力的原广西大学校长逐出校园。但万万没想到很快国民党教育部又派一位名叫高阳的中统特务来当校长，学生们更加气愤，他们准备到省政府请愿，反对高阳任校长，而要求李四光担任此职。

高阳得知此事后，在宪兵们的保护下进入广西大学向学生们“训话”，结果在学生们的怒骂声中无奈收场。但是，第二天凌晨，特务和宪兵便闯进还在熟睡的学生宿舍，抓走100多名学生。为了营救被捕同学，学生代表向李四光求助。李四光不顾旁人会因此事说他有与高阳争夺校长之职的嫌疑，爽快地答应了学生们的请求，拿着学生们写好的谈判书去与高阳交涉。在这种情况下，高阳被迫释放了一些被捕学生。在危急关头，李四光坚定地站在进步学生一边。

1942 年 7 月，李四光学生中最有希望的朱森在重庆逝世。他悲痛万分。原因是这年夏天，朱森自野外考察地质归来，因胃病旧疾发作住院。当时教授每月“优待”平价米五斗，朱森份额原由重庆大学发领。他应中央大学聘任后，中央大学总务部又发给当月份额。朱森夫人不知前后情况，以致误领，被人诬告而受到教育部所谓“贪污”的处分，这位年轻的地质学家气愤之下，胃溃疡恶化，以致不治而死。

面对民族的危难、学生的冤死、人才的夭折，李四光百感交集。他在桂林毅然接见新闻记者，发表了义正词严的谈话。他指出：“自朱先生死后，从陪都到桂林，在社会上有一种议论或者流言，直接或间接影射朱先生之死与教授生活待遇有关。……可是，实际上教授生活待遇……是另一个问题。这一点就个人看来，确实值得郑重说明。做地质工作的人，本来就准备接受饿死、热死、跌死、打死、咬死、累死，尤其是这个时期，有什么说头？不过要说是气死，则国家无谓的牺牲未免太大。死了还要受气，更是太不成话！”

李四光使用一连串的“死”字，绝不是偶然的。这既不是耸人听闻，更不是无中生有。地质工作者长年累月工作在人烟稀少的崇山峻岭、沙漠戈壁、茫茫草原，本来就很艰苦；再加上当时内忧外患、人祸天灾、兵乱匪劫一齐袭来，地质工作者的艰难处境，就更不可言！他们是那样的孤独、寂寞、惨淡，又是何等的勇敢、坚强、有志气啊！但是，李四光在这一连串“死”中，强调“气死”，深刻揭露和控诉了在国民党统治下刚直的知识分子的悲惨遭遇。

1942 年 7 月 18 日，《新华日报》发表文章说：“一块冷的玻璃放在冷水里，毫无影响，假若一个烧热的玻璃灯罩，滴上一点冷水，便会炸裂，朱森的生命，便是这样炸坏了。”“我们觉得在文化界，在知识分子群里，未能获得社会应有之爱护的，实不只像教授那样的一个人。”

李四光发表诗作《南岭何在》：“崎岖五岭路，嗟君从我游。峰峦隐复见，环绕湘水头。风云忽变色，瘴疠蒙金瓯。山兮复何在，石迹耿千秋。”这深沉悲壮的诗句，表达了李四光对朱森的绵绵哀思，也表达了他对反动势力的深深愤恨。

1944 年 8 月，日军进攻广西，李四光全家和地质研究所随着流亡人群从桂林来到贵阳，最后不得已又搬到重庆。蒋介石一听说李四光到重庆了，便立即托人捎信，请他出任中央大学校长。李四光对来人说:“我是搞科学研究的,没本事当校长。”

行政院长宋子文知道李四光曾留学英国,而且在英国很有声望,就请他出任驻英大使。李四光回答他:“我是和石头打交道的,没有外交才能。”

蒋介石几次举行宴会宴请科学界、教育界的知名人士,每次都把他右边的席位留给李四光。而李四光总是借故说要到外地做调查,不予理睬。

李四光对于高官厚禄、荣华富贵从不动心,他一心一意地搞他的科学研究,希望能找到一把开发祖国的地下宝库的钥匙。

当时的中央大学要聘请他去讲课,并一定要请他主持中大地质系,却被他坚决拒绝。反之,他却主动到重庆大学去讲课,因为重庆大学是他最得意的学生朱森教授执教的地方。

李四光要去重庆大学讲课的消息一传出,前来听讲的青年学生把讲堂挤得满满的。李四光在重庆大学开过一次大课,他拿出他珍藏的那块带有“传奇”色彩的“手杖桶”似的石头让学生们传看。他通俗地介绍小石头说,从石头的变异可以看出时代的变异,“你说它是石头,其实它是一块麦芽糖，石头弯过来，要有压力。在人们心中会说，石头不会变成麦芽糖的。不！会变，你们亲眼看到这块麦芽糖是变的，不是不变，非变不可。”

李四光此时不仅仅是在讲学术，也是在借题发挥，预言国民党的反动统治就要垮台了。听课群众自然能领会他讲的“会变”“非变不可”的弦外之音，对李四光的讲课报以雷鸣般的掌声。三青团的打手想捣乱，想制造流血事件，用石块、木头投向讲台。广大的听众愤怒了，他们团团围护着李四光，高唱着救亡歌曲，把李四光和他那块珍贵的石头护送出了会场。当晚，周恩来知道后，指示要详细记录这场斗争。《新华日报》刊发了这条新闻。

初见周恩来

1944年春，日军侵袭，战事吃紧。李四光率领地质所同事一起，携带轻便物品，于6月27日仓促离开桂林，经过20多天旅程，到达贵阳。一路上人潮拥挤，又饿又渴，又乏又困。到了10月，日军进犯更加凶猛，国民党军队溃不成军，眼看贵阳要被围困。李四光和同事们只好再次奔波，出贵阳，奔遵义，入四川，大概11月光景，终于到了重庆。

长途奔波，精疲力竭，对一个55岁的知识分子来说无疑是一个不小的考验。到了重庆以后，李四光夫妇的健康情况已变得十分糟糕。对时局的愤慨和生活的困苦二者交织在一起，使这位一向坚强的学者也禁不住流下了辛酸的眼泪。由于天气炎热，卫生条件差，再加上饥饿、缺水，李四光在途中患上了痢疾，身体非常虚弱。妻子用自己带的药品，精心护理他。李四光在病中也十分担心妻子的身体，怕她因劳累过度而病倒。为减少妻子的压力，李四光强打精神，以宽慰妻子的心。

由于旅途劳累和生活太差，李四光的妻子终于病倒了。

当时，他们的女儿李林在成都，家中的事情几乎都落在李四光的身上。每天上午，李四光为夫人准备好食物后，就匆忙赶到重庆大学上课，下午又到地质研究所工作。劳累了一天后，回到家里还要服侍病妻，操持家务。当夜深人静之时，他又坐到桌前，撰写学术专著《地质力学的基础与方法》。妻子半夜醒来，总会看到李四光仍在伏案写作。记不得有多少次，当他上床休息时，一轮旭日已经冉冉升起。

过度的操劳损害了李四光的健康。有一天早晨，当他像往常一样去重庆大学上课时，竟然昏倒在路边，大夫诊断为心绞痛发作。大夫告诫李四光一定要卧床静养，最好不要吸烟，也不要工作了。妻子得知丈夫的病情后内心十分焦急，导致血压再次升高，夫妇俩同时卧病在床，当时他们的独生女儿李林远在成都，只有几个学生轮番照顾他们的老师，一些学术界的朋友也时常来看望李四光。

李四光身在病床，心里却惦记着即将召开的地质年会，他原本准备发表一篇新论文《中韩沿海之陷落与大陆破裂》，如今却因重病缠身不能执笔，便请学生将他的口述记录下来加以整理。

在一个风雨交加的夜晚，李四光躺在床上辗转难眠，缠人的疾病使他不能读书写作。听着窗外风吹雨打，看着身边患病的妻子，一股寂寞凄凉之情涌上心头。就在这时，忽然听到有人敲门，李四光赶快披了件衣服下床。打开房门后，走进来两位年轻人，随后又有一位身材魁梧的中年人走了进来。中年人脱掉雨衣后，快步走到李四光的床前，拉住他的手亲切地说道："不要起来，不要起来。李先生近来好些了吗？"

"呵，好，好，好多啦。"

李四光一边回答着客人的问候，一边和妻子仔细打量着眼前这陌生的面孔。客人似乎看出了李四光夫妇的惊讶表情，立即自我介绍道："我是周恩来。"

紧接着，他在李四光的床沿上坐下，说："刚才在《新华日报》社，听到教育界一位朋友说，李先生和夫人都患病了，顺便来看看你们。"

听到周恩来这一席暖人心田的话，李四光既兴奋又不安，他可能做梦也没有想到，身为中国共产党高级领导人的周恩来能在百忙之中抽空来探望他，而且是在这样一个风雨交加的晚上。他不无歉意地说："周先生，这样的天气，你还……"

"这样的天气，穿上雨衣，别人不好认出来呀！"周恩来笑着解释。李四光听了这话后，也会心地笑了。

周恩来询问起李四光的研究情况，李四光便将《地质力学的基础与方法》一书的手稿递给周恩来。周恩来一边翻阅，一边称赞道："好啊，好啊！我们中国的地质科学还是在打基础的时候，这是一项艰苦的工作。李先生独立自主的精神，脚踏实地、实事求是的作风，刻苦研究、始终不懈的毅力，都是值得钦佩的。"

李四光听了周恩来的夸奖，不安地说："我们所做的，无非是些敲打石头的事罢了。"

周恩来笑着说："这敲打石头可不简单！你这些稿子讲的都是地质理论吧？你的这些理论，有的我读过，很符合我国的实际。我们中国一向被称作'地大物博'，把地质科学发展起来，将来会大有用处，对国家和人民是巨大的贡献啊！"

周恩来思索了一下，接着又说："日本侵略者已经日落西山，很快就要滚出中国了。国民党政府也早已失去民心，迟早要翻船。只有中国共产党才能挽救中国。到那时候，你的这些理论大有作为呀！那一天，已经不远了。"

周恩来的话使李四光非常兴奋，他向周恩来讲述了目前地质学研究的状况和他对中国矿产资源分布的看法。

周恩来认真听着，最后语重心长地说："李先生，请多保重吧！你花费的心血，总会开花结果的，我们后会有期。”

直至午夜12点钟，周恩来才离开李四光的房间，周恩来的探望，使病中的李四光倍感温暖，终生难忘。

在重庆，周恩来曾两次会见李四光，周恩来对李四光作了高度的评价，说他是中国人民的光荣。李四光对周恩来也十分敬佩，他对家人说：“我看到了周恩来先生，我在他身上产生一个最大的感觉：中国有了共产党，中国就有了希望。”

1945年1月10日，中央研究院和北京大学同学在国民党中宣部礼堂举行蔡元培诞辰纪念会，邀请李四光作学术报告，题目是《从地质力学观点看中国山脉之形成》。李四光从科学研究谈到蔡元培的学术精神，从岩石的变化谈到自然界“变”的道理。

正当李四光讲得起劲的时候，突然听到“啪嚓”一声响，原来是朱家骅坐的椅子断了，他摔到地上。李四光看了一眼，话题一转：“比如现在，一把椅子坏了，摔下去一个人，这是椅子发生了变化，我们就要研究这把椅子的种种条件。这就是因为椅子已经腐朽了，再加上人的压力，它就非垮不可！”

李四光在这里借题发挥，讽刺国民党的统治就像这把椅子一样很快就会垮台。周恩来领导下的《新华日报》为此发表特写:《李四光教授学术讲演》。

1945 年 8 月,抗战胜利后,国民党政府还都南京,地质研究所也迁回南京。1946 年 11 月,李四光乘船由重庆准备回南京。这时,国民党挑起的内战已经打响半年。李四光对蒋介石彻底绝望。到南京时,尽管中央研究院院长朱家骅在码头迎接,但李四光没有下船,直接去了上海。

号召海外学子回国

1947 年 12 月，李四光接到国际地质学会通知，邀请他出席 1948 年夏天在英国伦敦举行的第十八届国际地质学会大会。此时，国民党政府已处于风雨飘摇之中。李四光考虑了两天，回想起周恩来对他的关照，就对他的妻子说："我们一同去国外吧。要尽快地动身。英国虽然也很讨厌，但伦敦还是有些学术研究的条件可以利用的。欧洲的资料现在真多，可惜他们竟然什么也没提出来。去那里可以对世界地质作全面考察，更广泛地认识世界构造体系。但人民将要迅速地赢得这场战争了，我又真有点不想出去。开完这个会再看情况，一旦需要，就飞回祖国。祖国快要开展大规模的经济建设了，我已接近 60 岁了，还能赶上呢。"

1948 年 2 月，李四光从上海启程，几经辗转，直到 4 月初，才在香港搭上一艘挪威货轮。大海里的航行是异常艰辛的，对一个年近花甲的老人来说，已不再充满神奇。

经过两个多月的艰难航程，货船终于抵达法国南岸的大港马赛。上岸后，他改乘火车经法国首都巴黎，再横渡英吉利海峡，抵达英国伦敦。码头上，可爱的女儿正站在那里迎接他。李四光的女儿李林当时正在英国剑桥大学读书。她早早地等候在多佛尔码头，迎接父母的到来。这样一家人又在英国团聚了。李四光安顿好住处，便开始准备他在第十八届国际地质学会上宣读的论文。

在英国，他知道国内的局势已经发生根本的变化，国民党败局已定，他给留学生们讲话："我们盼了多少年，现在终于盼到了，共产党领导中国人民取得了伟大胜利，苦难的祖国就要解放了！到那时候，百业俱兴，势必需要大批专业人才。你们年轻人正赶上这个时代，希望同学们努力用科学知识武装自己，准备回国参加新中国建设！"

听到这鼓舞人心的讲话，海外学子们都兴奋不已。

1948 年 8 月，在中国人民解放军胜利的号角声中，国际地质学会在伦敦的亚尔培大厦隆重开幕。

大会期间，各国地质学家齐聚一堂，战后欧洲还没有这样热闹过。当时中国的革命战争震撼着全球，人民军队几乎每一天都要解放几座城市。其时法西斯轴心国家已经战败投降。德国代表，本来是声誉很高的地质学者，现在也黯然失色。日本地质学家则目光无神。人们以极大的敬意看着李四光。凡是胸无偏见的真正有成就的科学家，毕竟是有正义感的，他们未必理解中国人民的解放运动，但都感到了中国正在发生翻天覆地的变化。

李四光在大会上宣讲了他的新论文《新华夏海之起源》。大会演讲厅的设备很好。他手持着一支细长的木棒，指点江山。这时，银幕上映出了一幅新华夏构造体系的简图。他说："请看一看，这是从太平洋中隆起的，像一串珍珠似的圆弧形的九州群岛，日本群岛，也是珍珠串形的琉球群岛，以及从台湾到菲律宾直至加里曼丹岛那样的大圆弧形。它们构成了新华夏体系的第一隆起带。"

"在它们之西，依次是鄂霍次克海、日本海、黄海、东海、南海，它们是新华夏体系的第一沉降带。"

"再往西走，便是第二隆起带。包括朱格朱尔山脉、锡霍特山脉、斜贯朝鲜半岛的紧密褶皱带和中国东南丘陵的武夷山脉。"

"再往西走，又出现了一条第二沉降带，包括黑龙江下游流域、松辽平原、华北平原、江汉平原，它穿过南岭，直到北部湾。"

"再往西走，大兴安岭、太行山脉、贵州高原东部的褶皱山脉，是第三隆起带。"

"再往西去，三个盆地：呼伦贝尔——巴音和硕盆地、陕北——鄂尔多斯盆地、四川盆地，构成第三沉降带。”

他边说边指点着这三对互相间隔着的地形：隆起带和沉降带。似乎毫无规律可循的大地构造显示出严密的规律，自成完整的体系。一幅又一幅的幻灯片上的图景闪过去。他讲了新华夏体系，讲了山字形构造和宏伟的东西褶皱带。这些构造体系，最终必然涉及地质力学。李四光的论述惊动了整个会场，使国际地质界感到了地质力学的强大生命力。

李四光的论文语句精炼，逻辑严密，他尤其擅长的是天衣无缝的双关妙语，他的英语也是高水平的。他叙述和论证了这个新华夏海的起源。他的用语丝毫没有越出地质科学的范围。但每一个听众都似乎听到了字里行间另一种火辣辣的深意：新华夏海的起源，即新华夏构造体系的诞生，隐伏着一种强烈的含意，也就是象征着新中国的诞生。

会议结束后，李四光搬到英国南部的博恩默斯居住，他的导师鲍尔顿还专程赶来。师生见面异常高兴，他们一起到野外考察地质，两人边看边谈，其乐无穷。

没多久，中国留英学生总会在剑桥大学举行年会，李四光应邀参加。祖国解放战争的胜利使与会者备受鼓舞。李四光在会上表示："我虽然年纪大了，身体一直不好，但我一定回到祖国去，把自己的余生贡献给新中国！"

此后李四光和他夫人在英伦三岛上又住了一年，一面养病，一面观察国内外时局的发展。

为新中国保留地质研究所

正当李四光在伦敦祈盼祖国解放的时候，解放战争形势迅速发展，人民解放军已直指长江。那时的中国南京，国民党官僚看到大势已去，要员们纷纷南下逃往台湾。李四光出国后，地质研究所由俞建章代理所长。中央研究院院长朱家骅下令将地质研究所迁往台湾。俞建章马上给李四光打了电报。

李四光很快回电："南京如发生战争，切不可远行。详函告。"

不久，又收到李四光的航空信，在信中李四光叮嘱大家将所内的所有仪器图书存放于地下室妥善保护，又表示："我的薪水尚存所内，可买粮米为同事们备用。"

地质研究所大部分工作人员对李四光的信十分赞同，决定不搬迁，留下来为新中国服务。李四光的十几个学生都是地质研究所的骨干，他们很快起草了一个反对搬迁的声明。声明云："为保护研究所多年置办的图书资料、标本仪器，为使地质科学的研究不因战火而中断，我们共同决定，决不南迁……"

遵照李四光的指示,大家立即行动起来,并推选孙殿卿等人组成护所委员会,组织在所的人员和家属轮流值班,防止有人趁机搞破坏。由于李四光的反对和地质研究所的其他同事的努力,地质研究所得以留在了南京。

辗转回到新中国怀抱

1949 年 4 月初，以郭沫若为团长的中国代表团赴布拉格出席世界维护和平大会。出国前，周恩来指示郭沫若一定要同李四光联系上，邀请他回国参加新中国建设。郭沫若遵嘱，给李四光写了请他回国的信。南京解放后没几天，陈毅到地质研究所视察时，询问李四光的有关情况后，明确告诉地质研究所的科学家，欢迎李四光回国。

1949 年 10 月 1 日，中华人民共和国举行了开国大典。毛泽东主席在天安门城楼上发出了震撼世界的声音："中华人民共和国中央人民政府今天成立了。"中国人民从此站起来了。

10 月 2 日，格林尼治时间零点，英国广播公司播送的世界新闻节目里，头条就是从北京发来的路透社电讯，报道了新中国的诞生。此时，夜深人静，李四光在博恩默思的一座旅馆里收听到开国大典的消息后，再也按捺不住了，便和夫人商量，要另想办法，换一条船，货轮也行，早早赶回祖国。但回家的路途也是辗转复杂的。

中华人民共和国成立后，身居海外的李四光接到一个朋友的电话。那位朋友告诉他：台湾当局给驻英大使馆发来一封转交李四光的电报，他们要李四光立即发表公开声明，拒绝接受共产党给予的政治协商会议委员的职务……

“政协委员？”李四光感到很突然。但他知道，这是新中国缔造者毛泽东先生和周恩来先生对他的安排，心里顿时涌起一股暖流。

他问道：“我要是不发表声明，他们将怎样？”

“他们已经命令驻英大使馆，如果你不发表公开声明，就将你扣留在国外，到那时，后果将不堪设想……”

这位老友劝他尽早离开英国。李四光本想带着全家人马上动身回国，但他所预定的船票下个月才有效。于是，情急之下，他当机立断，一个人先走。他拿起一只小皮包，迅速前往普利茅斯港，准备从那里渡过英伦海峡，先到法国去。普利茅斯港海面宽阔且多风浪，是偏僻的货运航道，一般人通常都不会从这里渡海，因而能避开国民党特务人员的追踪。

临行前，李四光给国民党驻英大使郑天赐写了一封信，表明了自己的态度，并劝他也早日弃暗投明。信中写道：“……中华人民共和国是我多年来日思夜盼的理想国家，中央人民政府是我竭诚拥护的政府。我能当选为中国人民政治协商会议全国委员会的委员，我认为是莫大的光荣。我已经启程返国……我也奉劝你，还是脱离这个祸国殃民的国民党政府，从此重新做人，早日回到光明祖国的温暖怀抱……”

李四光走后第二天，国民党驻英大使馆派人送来了台湾的电报和5000美金，李四光夫人便将丈夫的信交给来人，并退回美金。不久，她收到丈夫的来信，通知她们母女去瑞士边境的巴塞尔与他会面。李夫人立即和女儿收拾行李动身，在去火车站的途中，一位中国留学生交给了她们一封郭沫若写给李四光的信。

在巴塞尔的一所小旅馆，李四光与妻子、女儿又一次相聚。当他读完郭沫若的信后，热泪盈眶。他立即同妻子乘火车来到罗马，并购买了从热那亚开往香港的船票。由于距离开船尚有一个多月，李四光决定先四处游历一番，考察一下此处的地质。他和妻子先到著名的水上城市威尼斯，然后到佛罗伦萨，最后又到罗马。在罗马，他们又乘坐火车到达那不勒斯，参观了著名的古城庞培，这个曾经繁华一时的大城市，在突然喷发的维苏威火山的岩浆中毁灭了，如今只有一座博物馆供游人参观。

为期一个月的游历结束了，李四光夫妇在热那亚登上了归国的轮船。

1950 年 4 月 6 日，这位身在海外、心怀祖国的著名学者完成了从伦敦到广州 9760 海里的行程，终于如愿以偿地回到他魂牵梦绕的故国。

这是祖国！离开了两年。不！是两个时代。现在见到的已是解放了的新中国了。

新中国新征程

就一个世纪，尤其是近几十年来的历史经验教训来说，只有共产党在中国的政治历史舞台上出现以后，中国人民才找到了正确的领导，脱离了受屈辱、受压迫的生活，并且在全世界面前站起来了。

新中国的地质部部长

中国共产党在开国之初，为建设理想的富强国家而体现的魄力和远见，使李四光感到可以为中华民族真正贡献自己一生的心血了。他揭开了自己科学事业中崭新的一页。踏入祖国的大门，李四光的内心久久不能平静，他要为中华民族贡献力量的愿望终于实现了。

1950 年 5 月 6 日，李四光和妻子许淑彬到了北京。这年他已 60 岁。李四光被安排住在当时北京最高级的饭店——六国饭店。一个多星期后，又迁到北京饭店。

他们住在饭店四楼，推开西窗，便能看到金光灿烂的天安门城楼，可以看见北京美丽的景色。各种印象，新鲜而又庄严，使李四光目不暇接，感动不已。许多老朋友闻讯赶来，叙旧话新。

李四光和妻子住进北京饭店的第二天，周恩来前往看望。他握着李四光的手连声说："李老，欢迎，欢迎啊！祖国需要你。"

李四光也很激动，他仔细端详着周恩来说："总理，你好啊。看来你精神很好,比在重庆时也胖了。”

他们共同回忆起抗日战争时期在重庆相见的情景。周恩来关切地询问了李四光和他妻子的健康状况,还特别提到了李四光的心脏病和他妻子的高血压,劝他们抓紧治疗。周恩来说:“现在和在重庆时不同了,我们有自己的人民医院了。”

这次见面,周恩来谈得最多的是新中国当前的迫切需要。当时郭沫若是中国科学院院长,周恩来希望李四光在科学院协助郭沫若,做好自然科学方面的工作,并征询了李四光对如何组织地质工作机构的意见。他们的谈话进行了近3个小时。周恩来对科学事业,特别是我国自己发展起来的学科,非常重视。周恩来的关怀和信任给了李四光巨大的力量,他决心为中国的地质科学加倍地努力和付出。

李四光发现,总理十分注意倾听他对西欧的现场感受。后来,总理在第二次政协会议上作的国际形势报告中还引用了李四光在这方面提的事实与观察。总理虚心与谦和的态度,引起李四光加倍的敬仰之心。

来到北京之前,李四光已经知道自己被任命为中国科学院副院长。当时他不太想承担这样高级的行政领导职务,他也认真考虑过国家的重托,担心自己力不从心,仍想回到南京,回到他的地质研究所去从事地质研究工作。

但是,周恩来总理亲切地告诉了他一个感人的情况:“在北京准备召开一个全国性的地质会议。地质会议等你等了五个月了。有人说,李四光不会回来啦,会议不要再延期了。我告诉他们,李四光是一定会回来的!他现在还没到家,那我想,一定是路上发生困难了……”

周总理继续说:“我们坚定地相信你会回来!”

巨大的暖流冲击着李四光的心房。他这时再次体会到:中国共产党为了建设理想中的富强国家,在科学事业的准备方面,具有何等的魄力和远见啊。他马上站起来,向总理表示:“原来是这样啊,总理!党叫我做什么工作,我就做什么工作。”

1949 年 10 月 19 日,中央人民政府宣布成立中国科学院,任命郭沫若为院长,李四光、陶孟和、竺可桢为副院长。李四光在担任中科院副院长的同时,接受了周总理交给的组织全国地质工作者的任务,并担任了中华自然科学专门学会联合会主席。

通过调查和征求地质工作者的意见,新中国政务院批准了建立“一会、二所、一局”的方案:一会,即地质工作计划调配委员会,后改为地质工作指导委员会;二所是中国科学院地质研究所和古生物研究所；一局，即财政经济委员会矿产地质勘探局。全国地质工作者组织起来后，全国地质工作和地质研究工作出现了新的局面。但是，很快发现这种组织形式还是不能适应经济建设的需要。

1950 年 6 月 24 日，中国科学院第一次扩大院务会议上，周恩来就科学工作者的团结与通力合作问题作了发言，他说："人生不能脱离两种关系，一种是自然关系，另一种是社会关系。社会关系中，第一就是要善于和别人相处。能从分析别人的长处、检讨自己的缺点开始，互相尊重，互相学习，就能够达到团结与通力合作的目的。"他还建议科学家有时间的话，可以看看毛泽东主席关于整顿三风的报告。

李四光听过周恩来总理讲话后，很快买来一本《整风文献》阅读。被新中国委以重任的李四光还认真学习了毛泽东的《实践论》《矛盾论》，恩格斯的《自然辩证法》等著作，努力用辩证唯物主义思想指导工作和科研；他注重理论学习，也注意自己的思想改造，"决心扔掉那些旧日留下来的包袱，……达到忘我的境界"；他全身心地投入到祖国的地质事业中，兢兢业业，鞠躬尽瘁。

1951 年 12 月 30 日，中国地质学会举行成立 30 周年大会。理事长李四光做了题为《中国地质工作者在科学战线上做了一些什么》的报告。那天，天气很冷，漫天大雪，但会场上热气腾腾。

李四光总结了我国地质界30年的经验和教训，最后指出：地质学本来是西欧和北美发展出来的一门科学。可是，西欧、北美是两块屡受张力作用而支离破碎的区域，那是不能够作为构造地质的基本事实的。而我国，这个困难并不存在。亚洲大陆的地质构造，从来都是统一的，主要的部分完整、清楚。那么，是用我们自己这里发现的事实为基础来探求地质构造的规律比较靠得住呢，还是用西欧、北美的局面来作基础靠得住呢？我们要在自己的基础上，用我们自己的方法，解决我们自己的问题。

1952年8月10日，中央人民政府第十七次会议决定成立地质部，任命李四光为部长。从此，李四光走上了领导全国地质工作的重要岗位。在周恩来的支持下，他先后主持组建了地质力学研究室、地质力学研究所，为开展地质力学的研究创造了有利的条件。他曾兴奋地说："现在我已不再是单干了，我的伙伴逐渐增加了。"李四光独创的地质力学终于发展起来。

李四光先后任全国地质工作计划指导委员会主任委员、中国科学院副院长、地质部部长、第一届全国政协委员、第二届和第三届全国政协副主席、中国地质学会理事长、中国科学技术协会主席、全国地层委员会主任、中国科学院地质研究所所长和古生物研究所所长、中华自然科学专门学会联合会主席、中国第四纪冰川研究委员会主任、中国原子能委员会副主任、地质部地质力学研究所所长、中央地震领导小组组长、中国科学院地震委员会主任。20 世纪 50 年代中期，还任世界科学工作者协会执行委员会副主席。1955 年被聘为中国科学院学部委员，1958 年当选为苏联科学院外籍院士，1969 年当选为中国共产党第九届中央委员会委员。他虽然年事已高，但仍奋战在科学研究和国家建设的第一线，为我国的地质、石油勘探和建设事业做出了巨大贡献。

摘掉“贫油”的帽子

新中国成立初期，我国天然石油资源探明的储量远远落后于工农业建设和国防建设发展的需要。大规模的经济建设开始后就遇到石油资源短缺的困难，当时全国所需石油80%至90%都要依靠进口。

毛泽东极其关心中国的石油远景。1953年底的一天，毛泽东在中南海的一间客厅里接见了李四光。当时，周恩来也在座。谈话中间，毛泽东关切地问到中国天然石油的远景问题，并征询李四光对我国石油资源的看法。

毛泽东十分担心地问李四光：“有人说‘中国贫油’，你对这个问题怎么看呢？如果中国真的贫油，要不要走人工合成石油的道路？”

早在1915至1917年，美孚石油公司的一个钻井队在我国陕北肤施一带打了7口探井，花了300万美元，因收获不大就走掉了。1922年，美国斯坦福大学教授布莱克威尔德来到中国调查地质，写了《中国和西伯利亚的石油资源》一文，下了“中国贫油”的结论。从此，“中国贫油论”就流传开来。

但是，李四光根据自己对地质构造的研究，在 1928 年就提出了：“美孚的失败，并不能证明中国没有油田。”从 1935 年到 1936 年，他在英国讲学时写的《中国地质学》一书中就提到“东海、华北有经济价值的沉积物”，实际指的就是石油。因此，他用十分肯定的语气回答毛泽东说，中国天然石油的远景大有可为。

他根据数十年来对地质力学的研究，从新华夏构造体系的观点出发，向毛泽东、周恩来分析了中国地质条件，认为在中国辽阔的领域内，天然石油资源的蕴藏量应当是丰富的，松辽平原、包括渤海湾在内的华北平原、江汉平原和北部湾，还有黄海、东海和南海，都有有经济价值的沉积物。

听到这里，周恩来笑着说：“我们的地质部部长很乐观啊！”

毛泽东也高兴地笑了，当即作了关于开展石油普查勘探的战略决策。

根据毛泽东的战略决策，地质部和兄弟部门一起，在全国范围内开展了战略性的石油普查勘探工作。根据地质力学的理论，他们在一些辽阔的中、新生代沉积盆地中，在约 200 多万平方千米的面积内进行了程度不同的石油普查。

打了3000多口普查钻井，总进尺120多万米。通过所取得的大量地质资料，不仅初步摸清了中国石油地质的基本特征，而且证实了中国有着丰富的天然石油资源。后来在大庆油田喷射出大量的石油就是最好的例证。

1955年1月，地质部组成了新疆、柴达木、鄂尔多斯、四川、华北5个石油普查大队。6月，决定组织松辽平原踏勘组。1956年3月，地质部、石油部、中科院又联合成立了以李四光为主任的全国石油地质委员会。

在李四光和地质工作者的共同努力下，1955年，起步不久的全国石油地质工作就获得了丰收。到1958年，已在新疆、青海、四川、华北等地发现了几百个可能储油的构造。在达尔油砂山、冷湖等构造上探到了工业油流。

1955年7月，根据李四光部长的决定，由孙殿卿带队的柴达木盆地石油地质调查小组来到地质部632队大队部所在地格尔木。经过勘查和钻探，这一带果然打出了工业油流，建立了冷湖油田，为高原开发和巩固边防做出了贡献。

1959年国庆节前夕，赴松辽地区进行地质普查的科技工作者在表面地层覆盖、岩层露头少、缺乏油气苗显示的东北平原发现了储量丰富的大庆油田，实现了在我国东部找油的重大突破。这是广大地质工作者和钻探工人根据李四光

“新华夏构造体系沉降带”理论，深入松辽平原同心协力、艰苦奋战的成果。

从20世纪50年代后期至60年代，勘探部门相继找到了大庆油田、大港油田、胜利油田、华北油田等大油田，在国家建设急需能源的时候，使滚滚石油冒了出来。这样，不仅摘掉了“中国贫油”的帽子，也使李四光独创的地质力学理论得到了最有力的证明。

地质力学在找油实践中经受了检验。毛泽东把这件事一直记在心上。1964年，在三届人大会议期间，一个服务员在人大代表行列中找到了李四光，对他说：“请您到北京厅去一下！”当时李四光还不知道是怎么回事。当他走进北京厅时，见到大厅中只有毛泽东一人坐在那里。

李四光没有想到是毛泽东找他，以为服务员说错了地点，连忙道歉说：“主席，对不起，我走错门了！”

毛泽东却健步走了过来，紧握住李四光的手，说：“没有走错，是我找你的。”

毛泽东接着风趣地对李四光说：“李四光，你的太极拳打得不错啊。”

李四光当时没有理解毛泽东的意思，回答说：“身体不好，刚学会一点。”

毛泽东笑着说:“你那个地质力学的太极拳啊。”

这时,李四光才明白毛泽东的话是对他和广大石油地质工作者一起,用“新华夏构造体系沉降带”理论找到石油的高度评价。毛泽东的赞扬,激励着李四光为祖国找到更多的石油而贡献自己的力量。

1964 年元旦,毛泽东也接见了李四光。毛泽东邀请李四光一起在中南海怀仁堂观看在北京第一次演出的豫剧《朝阳沟》。演出前,毛泽东在休息室同李四光谈话。毛泽东对地质部和石油部在找油方面所做的贡献再次给予了高度评价。毛泽东说:“你们两家都有很大的功劳!”演出结束后,毛泽东又拉着李四光一起登上舞台,同演员合影留念。

拓荒原子能事业

中国既要找到油，又要找到铀。

李四光为我国原子弹和氢弹的研制成功做出了突出的贡献。他早就预见到新中国的国防和经济建设需要铀矿资源。回国时，他克服重重困难从英国带回了一台伽玛仪，为后来寻找铀矿资源发挥了重要的作用。

1955 年 1 月 14 日下午，李四光和钱三强应周恩来总理之邀到中南海西华厅谈工作。在座的还有国务院第三办公室主任薄一波和地质部副部长刘杰。

周总理先向李四光详细询问了有关铀矿资源方面的情况。李四光说，去年 2 月地质部由副部长刘杰主持成立了铀矿地质勘探的筹备机构，并派地质人员到有关地区进行了实地勘察，发现了铀矿。李四光同时介绍了铀矿地质和我国的铀矿资源等情况。接着，周总理向钱三强细致地询问了核反应堆、原子弹的原理和发展核能技术所需要的条件等问题。之后又详细了解了中国原子能科学的研究现状、科技力量、仪器设备、所需财力等情况。

谈话结束时，周恩来说："明天中央要研究发展原子能事业问题，请你们做点准备汇报，届时可以带点铀矿石和简单仪器作现场演示。"

随后，周恩来致信毛泽东：

主席，今日下午已约李四光、钱三强两位谈过，一波、刘杰两位同志参加。时间谈得较长，李四光因治牙痛先走，故今晚不可能续谈。现将有关文件送上请先阅。最好能在明（十五）日下午三时后约李四光、钱三强一谈，除书记处外，彭、彭、邓、富春、一波、刘杰均可参加。下午三时前，李四光午睡。晚间李四光身体支持不了。请主席明日起床后通知我，我可先一小时来汇报今日所谈，以便节省一些时间。

第二天，毛泽东在中南海颐年堂主持召开了中央书记处扩大会议，研究我国发展原子能事业的问题，拉开了我国发展原子能事业的序幕。出席会议的有刘少奇、周恩来、彭真、邓小平、李富春、薄一波等。会议首先听取了李四光、刘杰、钱三强的汇报。

之后，毛泽东说："今天，我们这些人当小学生，就原子能有关问题，请你们来上课。"

然后毛泽东对着李四光问："中国有没有造原子弹用的

铀矿石?”

李四光说:“有!但是,一般的天然铀矿石,能作为原子弹原料的成分只含千分之几。因此要有丰富的铀矿资源和浓缩铀工厂。”说着李四光拿出从野外带回来的黑黄色铀矿石标本,边递给毛主席、周总理等领导人传看,边说明铀矿地质与我国的铀矿资源及国内铀矿勘察的情况。

周恩来补充说:“先请你们作点现场演示,有点感性认识再听情况汇报。”

钱三强用自制的盖革—弥勒计数管(射线探测仪器)对着桌上的铀矿石作了测量放射性演示。接着讲解了原子弹和氢弹的基本原理,研制的必要条件,特别讲了反应堆和回旋加速器必不可少,并介绍了几个主要国家发展原子能的进展情况。

钱三强还谈了中国自己的情况,他说:“中国的原子能科研工作,基本上是新中国成立后白手起家开始做,几年的努力,只能说是打了一点基础,最可贵的是集中了一批人,水平并不弱于别的国家,还有些人正在争取回来。”

会议热烈讨论后,毛泽东开始作总结讲话:“我们国家,现在已经知道有铀矿,进一步勘探一定会找出更多的铀矿来。解放以来,我们也训练了一些人,科学研究也有了一定的基础，创造了一定的条件。过去几年，其他事情很多，还来不及抓这件事。这件事总是要抓的。现在到时候了，该抓了。”

毛主席又说：“现在，苏联对我们援助，我们一定要搞好。我们自己干，也一定能干好！我们只要有人，又有资源，什么奇迹都可以创造出来。”

会后，毛主席留大家吃饭，共设三席。李四光被安排坐在毛主席的右手位，他用湖北家乡话同毛泽东交谈，无拘无束。钱三强也被安排与毛泽东同桌。

谈话结束，毛主席环顾另外两桌后举酒杯站起身，大声说：“来，为我国原子能事业的发展，大家共同干杯！”

这次会议是中央对包括铀矿地质事业在内的原子能事业发展作出战略决策的历史性会议。

李四光一直关心着铀矿地质的开展，多次听取找铀队伍的汇报，并指导工作。他根据自己创立的地质力学理论，对找铀前景持乐观态度，指出，一是要找富集带，二是要便于开采，在我国主要是在几个东西带上。

实践证实了李四光的预测，尤其是南领带的一些铀矿床以规模大、品质高、易开采著称。

李四光在强调构造规律的研究时提出：关键要把对构造

规律的研究与辐射测量结合起来。遵循李四光的思路，相关人员艰苦工作，找到了 211 特大型铀矿床。到“二五”期末，我国发现了一系列铀矿床，铀产量已能保证我国核工业发展的需要。

光荣加入中国共产党

早在1951年，中国国民党革命委员会主席李济深先生曾向李四光提出，请他参加“民革”。后来，还有人请他参加“民盟”和“九三学社”，他都婉言谢绝了。他曾把这件事和自己的态度向中国科学院党组织作了汇报。当时，李四光的心愿是想加入共产党，但就怕不够资格，所以不敢提出来。特别是对自己当初没有投入到革命队伍中，内心非常惭愧，同时他也觉得，自己离一个共产党员的标准还有很大一段距离，而在对党的事业的贡献上，自己也还没有做什么。一段时间，李四光只好把要求入党的想法深藏在心里。

1956年8月，周恩来到北京医院看望正在那里住院的李四光，鼓励他要与疾病作顽强的斗争。1957年1月，经组织批准，李四光去杭州疗养，住在南山招待所。早春三月的一天，李四光正在院子里散步，突然看见一辆小汽车停在山坡下。只见一个熟悉的身影健步向他走来。当他看清是周恩来时，高兴地赶紧迎了上去。

周恩来边走边大声地说：“李老，我来看你来了。”原来，周恩来是利用陪同捷克政府代表团到杭州参观的机会特意抽空来看望李四光的。

周恩来关切地询问了李四光的疗养情况。随后,又直率地说:“李老,这么多年未曾见你向组织提出过入党申请,不知你对加入共产党有什么想法?”

望着周恩来诚恳的目光,李四光感动了,禁不住将久蓄心底的愿望和为什么迟迟没有向党提出申请的原因和盘托出。他说:“在旧社会,我缺乏觉悟,没有投身于革命队伍中,已深感惭愧;革命成功后虽然为国家建设出了一些力,但离一个共产党员的标准仍相差甚远;况且自己年龄大了,身体又不好,入了党不一定能起到一个共产党员的先锋作用。”

听了李四光的话,周恩来诚挚地说:“不要爱面子嘛,爱面子可不是无产阶级知识分子的态度。现在搞社会主义建设,很需要知识分子为党工作。你可以考虑考虑,和地质部党组、科学院党组的负责同志谈谈自己的想法。”

这次谈话,使李四光彻底打消了顾虑。不久,他就向党组织提出了入党申请。

1957 年 6 月 25 日,李四光在《人民日报》上发表了他读毛泽东同志《关于正确处理人民内部矛盾的问题》报告后的感想,题目是《党能领导科学工作》。李四光首先认为,绝大多数科学家在科学工作要不要党的领导这个问题上的回答是肯定的,不同意见主要在领导方法上。接着,他也尖锐地指出了当时在科学领导工作中存在的一些主要问题。

李四光最后说:“就一个世纪,尤其是近几十年来的历史经验教训来说,只有共产党在中国的政治历史舞台上出现以后,中国人民才找到了正确的领导,脱离了受屈辱、受压迫的生活,并且在全世界面前站起来了。在我们这样一个经济落后的大国,要迅速的富强起来,除了走社会主义道路之外,肯定是没有其他路可走了。”

1957 年 7 月,李四光转青岛疗养后发现左肾有一肿块。之后,返京住进北京医院,准备做切割手术。一天,周恩来披着一件医院的白大褂,出现在李四光身边——他带来了党中央的深切关怀。当时,周恩来亲切地拉着李林的手问这问那,严肃地对她说:“党交给你一个很重要的任务,一定要好好地照顾你父亲的身体。”

李四光手术前一天,周恩来还是不放心,又来到医院。他亲自审阅了手术方案,询问了手术中可能发生的情况以及处理办法。他鼓励李四光要增强战胜疾病的信心。

手术后,周恩来第三次来到医院探望李四光。他看到李四光的精神很好,极为高兴,祝贺李四光闯过了手术这一关。

交谈中周恩来又问起李四光的入党问题，问他考虑得怎么样了。

李四光激动地说："我的入党申请书已经写好了，请党考验我吧。"

1958年10月18日，李四光填写了入党志愿书。

同年12月2日，中共地质部办公厅第一支部召开支部大会，讨论了李四光的入党申请。李四光在会上作了两次发言。他分析了自己的人生历程，并说："通过群众帮助和工作实践，我逐步地确定了工人阶级的世界观，从而初步学会了运用马克思列宁主义的观点、方法分析和处理一些问题，但是，我知道我的学习还很不够，缺点错误还很多，希望大家予以帮助。"

这是李四光倾吐心声的一次发言。这就是一个曾抱定"科技救国"，而在旧中国苦苦求索的科学家的真实的思想轨迹。李四光由一个民族、民主主义者转变成了一名共产主义战士。这位身经两个时代和坎坷历程的老科学家陶醉了，莫大的幸福拥抱着他。当时已临近古稀之年的李四光，竟说自己"像一个刚刚出生的婴儿，生命的新起点才开始"。他似乎浑身蕴藏着无穷的力量，以旺盛的精力投入到社会主义建设的热潮之中。他曾感慨地说："我入党了，这是我一生中最愉快不过的事情！我活了70岁，到现在，才真正找到了归宿。"

与毛泽东的亲密接触

毛泽东前后七次接见李四光，除了上面提到的几次外，还有几次接见对李四光而言也颇为难忘。

1952 年的一天，毛泽东在一次会议期间接见了李四光。

那天，李四光回到家里，精神格外奋发，兴致勃勃地谈起了与毛泽东见面时的幸福情景：毛泽东身材魁梧，红光满面，平易近人，和蔼可亲。毛泽东问他山字形构造是怎么回事。李四光非常感动。毛泽东这样关心地质科学的发展，连地质力学中山字形构造这个专门的概念都注意到了。

在李四光任地质部部长期间，毛泽东多次对地质工作做出指示。1953 年，毛泽东指出，地质部是党的地质调查研究工作部。1956 年，毛泽东又指出，地质部是地下情况的侦察部，它的工作搞不好，一马挡路，万马不能前行，要提早做一个五年计划。毛泽东很重视李四光创立的地质力学。周恩来遵照毛泽东的指示，支持地质部成立地质力学研究室。此后，在这个研究室的基础上，逐步发展，今天才有了专门的地质力学研究所。

毛泽东一向重视发展中国科学技术工作，十分关心科学工作者的成长，对从旧社会过来的愿意积极参加社会主义建设的老一辈科学家非常关怀。

1964年2月6日中午，李四光接到一个电话，说要他立刻去中南海。李四光匆忙吃完午饭就赶到中南海。门口一位同志把他领到毛泽东的卧室。竺可桢和钱学森两位同志也先后到了。毛泽东请他们坐在自己的床边，亲切交谈。他们就天文、地质、尖端科学等许多重大科学问题广泛交谈了三四个钟头。

李四光回家后跟他的女儿李林说："主席知识渊博，通晓古今中外许多科学的情况，对冰川、气候等科学问题了解得透彻入微。在他的卧室里甚至在他的床上，摆满了许多经典著作和科学书籍，谈到哪儿就随手翻到哪儿，谈的范围很广，天南海北，海阔天空。"

这次谈话，毛泽东发表了对许多重大科学问题的意见，真诚希望这些老一辈科学家为攻克科学技术尖端、赶超世界先进水平贡献自己的才能。

1969年5月19日，毛泽东接见在京参加学习班的一万名代表。在京的中央委员参加了接见，李四光也在其中。毛泽东在主席台上看到了李四光，马上拉着他的手，亲热地叫他“李四老”。两人距离那么近，然而因为会场里“毛主席万岁”的口号声响成一片，对面说话都听不清楚。毛泽东只好伏在李四光的耳边，问他的身体好不好，工作情况怎么样。主席拉着李四光的手走在前面，接见到会的同志们。接着，又一同离开主席台，步入休息室。

李四光的家人早已在电视中看到了这一幸福会见的镜头，只是不知道毛泽东对李四光讲了些什么。李四光刚到家，家里人都急着问李四光。李四光高兴地讲，毛主席和他在休息室谈了一个多小时的话。在这短短的一个多小时里，毛泽东和李四光谈了许多亿万年间的事情——从天体起源、地球起源，当谈到了生命起源、谈到太阳系起源的问题时，毛泽东说：“我不大相信施密特，我看康德、拉普拉斯的理论还有点道理。”毛泽东对李四光说，很想看看李四光写的书，希望李四光找几本书给他，还请李四光帮他收集一些国内外的科学资料。毛泽东说他不懂英文，最好是中文的资料。

“主席您想要读哪些方面的资料呢？”李四光问。

毛泽东用手在面前画了一个大圈，说：“就是你研究范围里的资料。”

第二天，按照毛泽东的嘱咐，李四光就请秘书帮他找书。他想：主席这么忙，总不能把我写的书统统送去请他看，应该选一两本有代表性的作品送过去。经过一番仔细的挑选，李四光先把《地质力学概论》一书和《地质工作者在科学战线上做些什么?》这篇文章送给毛泽东审阅。

然后，他立即着手收集毛泽东所要的资料。为此，他看了许多外国资料。为了节省毛泽东的时间，让他能少消耗一点精力就可以看到需要看的东西，李四光决定自己整理一份资料，把地质学说中当时的各种学派观点全部包括进去，再加上自己的评论，阐明自己的观点。他用了将近一年的时间整理资料，在此基础上，一连写了七本书。每写完一本，李四光就叫秘书马上送到印刷厂去，用大字排版，然后拿回来亲自校对。这七本书印好之后，李四光将它们定名为《天文、地质、古生物资料摘要》，并送给了毛泽东、周恩来和其他中央领导同志。

最后的岁月

1965 年 2 月，李四光在北京医院体检时，又发现左下腹有一搏动性肿块，确定为左髂骨总动脉瘤。周恩来知道这个消息后，立即指示要减少李四光的工作、会议和外事活动，还特意请邓颖超几次去看望他，劝其安心治病。李四光把周恩来的关心视为党的关心。他对人说：“党这样关心我，只要我活着，有一口气，就要把一切献给党。”

1966 年 3 月 8 日，河北邢台地区发生了强烈地震。当天，周恩来召开紧急救灾会议，李四光也参加了。在听取中国科学院及其他单位汇报时，周恩来几次问及搞地震预报的问题。有的同志认为，这个问题比较难，因为国际上还没有解决。李四光则认为，国际上没有解决，不一定我们就不能解决。周恩来称赞李四光的力排众议。

第二天，周恩来冒着余震的危险，代表党中央、国务院赶赴灾区视察灾情，慰问群众。他号召灾区人民以愚公移山的精神战胜困难，提出了“奋发图强，自力更生，发展生产，重建家园”的口号。

3 月 22 日，邢台地区又发生了强烈地震。周恩来第二次赶赴邢台震区。他对科学工作者作了明确指示：这次地震代价极大，必须找出规律，总结经验。为了研究邢台地震发展的趋势，周恩来几次召开会议进行讨论。周恩来考虑到李四光体弱多病，让他将意见转告其他出席会议的同志，自己就不必出席了。但李四光坚持亲自参加，同时，他也被周恩来不顾个人安危亲赴灾区视察的行为感动，坚持要去灾区看一看。他对劝阻他的医生说："你们不要再拦我了。总理都冒着生命危险去了灾区，我是做这个工作的，怎能贪生怕死！"77 岁高龄的他果真去了灾区。

1968 年冬天的一个深夜，有关方面向国务院报告，当天清晨 7 时某地将发生 7 级地震，周总理紧急找到李四光。周总理问："李老，你的看法怎样，真是这么急吗？"

李四光马上给当地的一些地应力观察站打电话了解情况，根据无异常变化的反映及自己的分析判断，对周总理说明不必发警报。后来的事实证明了李四光的判断：该地没有发生强烈地震。

1969 年，渤海地震后，中央地震领导小组成立，周恩来亲自委派李四光任组长，对李四光寄予了厚望。李四光承担这一任务后，加紧进行地震预报的研究，对攻破地震预报的难关充满了信心。但不幸的是，这以后不久，李四光的病情加重了。病危期间，他流着眼泪对夫人说：“地震预报研究工作是周总理交给我的任务，死之前完不成这个任务，怎么对得起总理啊！我真想多活几年。”

李四光生命的最后几年，正是“四人帮”猖狂之时，李四光也免不了受到冲击。有的“造反派”公开讲李四光是“反动权威”。

1970 年 2 月 7 日，周恩来接见全国地震会议全体代表时说：李四光同志是个权威，但不是反动权威，是革命的权威。周恩来还多次在公开场合称李四光是地质界、地质队伍的老前辈，是很光荣的人物，是有创造性的，要地质工作者将李四光研究的东西很好地继承下来。周恩来的话语给了李四光巨大的鼓舞。他以多病之身顽强地坚守在领导和科研工作的岗位上。

晚年的李四光饮食非常清淡，经常喝用玉米须子煮的水；平时穿的衣服是补丁落补丁，只有参加正式会议时才会穿得好一点。虽然年迈体衰，但他仍然坚持工作，尤其重视对地震研究、石油勘探的指导。

1971 年 4 月 24 日，李四光突然高烧不退，再次被送进了北京医院。

4 月 28 日，他对大夫说：“请你们坦率地告诉我，究竟我还有多长时间，让我好安排一下工作……”他还吩咐身边的工作人员第二天把全国地图集带到医院来。遗憾的是，第二天，由于动脉瘤破裂，李四光休克。

周恩来得知这一情况后，立即指示医务人员实施最后的抢救，但终未奏效。一位卓越的科学家与世长辞了，享年 82 岁。

李四光走完了他从同盟会员到共产党人，从学者教授到地质部部长，从晚清进士到新中国科学界领导人的光辉一生。一盏“光被四表”的科学明灯熄灭了！5 月 2 日，周恩来冒着霏霏细雨来到八宝山革命公墓，参加李四光的遗体告别仪式。当得知没有为李四光准备悼词时，周恩来严厉地批评了有关部门的负责人。他站在麦克风前，对参加遗体告别仪式的人说：“我们国务院的工作没有做好，没有给李四光同志写悼词。早上我收到李四光女儿的一封信，刚才和一些同志商量了一下，决定就用这封信作为悼词。”

他从口袋里拿出信，十分沉痛地念了起来。这封信记述了李四光逝世前一天的遗言，记述了近几年他经常思考的地震预报、地热利用以及海洋地质等方面的问题。

周恩来念完信后，走到李夫人面前，握着她的手说：“许姐,你要节哀,要保重身体。”

他走到李四光的秘书面前嘱咐道:“一定要把李四光的遗著整理出来。”

他又问在场的人:“搞地震的同志来了没有?现在任务就交给你们了!”

遗体告别仪式的第二天,邓颖超受周恩来的委托来到李四光家,表示慰问,并再次转达了周恩来一定要把李四光遗著整理出来的意见。后来,李四光的遗著《地质力学概论》等陆续整理出版。

对李四光,周恩来曾给予高度的评价,称他为科学界的一面旗帜。当我们认真回顾李四光坎坷奋斗的一生时,不难得出这样的结论——如果说李四光是科学界的一面旗帜,那么扶起这面旗帜的人就是周恩来。

李四光和他的家人

真正的科学精神，是要从正确的批评和自我批评中发展出来的。真正的科学成果，是要经得起事实考验的。有了这样双重的保障，我们就可以放心大胆地去做，不会自掘妄自尊大的陷阱。

别具一格的求婚

1918 年从英国留学回国的李四光长得挺胸直背、高大英俊，加上他性格温和，含蓄沉着，遇事冷静，曾赢得国内外许多姑娘的青睐。由于他钟情于事业，婚姻问题迟迟未解决。直到 1921 年，由著名化学家、北京大学化学系教授丁绪贤介绍，才与江苏无锡籍才女、23 岁的许淑彬结识。

许淑彬出身于大户人家，其父许士熊曾在驻英大使馆任过职，20 世纪初奉调回国任教育部秘书。许淑彬随父回国后，曾在上海天主教会办的一所中学念了 5 年书。她天资聪慧，又勤奋好学，英语、法语、音乐学得甚好。她中学毕业不久，随母亲来到北京，在北京女子师范大学附属中学当英语教师。虽然许淑彬比李四光年龄稍小些，但也到了谈婚论嫁的年龄。

经过两年多的交往，李四光和许淑彬两人感情融洽，都感到与对方志同道合，找到了自己的知音。但是，碍于男子汉的自尊和青年女子的矜持，两人都没有向对方提起个人的婚事。许淑彬在和李四光单独相处时，曾多次想借题发挥，试探李四光对她的态度，但鼓足的勇气一到临场就没了，演讲时的口才也“不翼而飞”了。李四光也曾下了几次决心，试图当面向她表明心迹，但一见到她，年轻的教授常常找不到话题，只好“顾左右而言他”。

面对如此僵局，李四光很苦恼。他写信给父亲——湖北黄冈乡间的一位开明的知识分子，征求父亲的看法。

父亲很快回信了，信中说：大丈夫要志在四方，以学业为重。过去从湖北到东洋，又从东洋到西洋，为寻求科学救国的道路，你没有考虑个人的婚事，这是对的；今天已学业有成，应该找一个终身伴侣成家了。“既然你和某人相识两年多，相互又都了解，况且你已经是三十多的人了，如果她家人同意，就订婚吧！”

李四光看完回信，原先苦思冥想找不到的求婚方式突然间找到了。他想，何不把这封家信转寄给许淑彬，再征求她对此的看法？这样既可以曲折地表示自己内心的想法，又可以避免直言道出的难堪。

许淑彬看完李四光的家信后，顿时觉得心跳加速，脸上发烫。她明白，尽管李四光没有把她的名字告知父亲，但信中说的某人就是她。李四光用这样一个巧妙的方式向她求婚了。怎么答复李四光呢？许淑彬想到自己的家人：母亲含辛茹苦把她拉扯大，哥哥也如父亲般呵护她，虽然终身大事自己做得了主，但还是应该征得他们的同意。于是她写信给母亲和哥哥。她没有像李四光那样用“某人”来含混，而是写明了恋人的姓名、学识、职业和人品。许淑彬的家人经过反复考虑，同意了她的选择，并很快回了信。这样，许淑彬拿着家人的回信，一言不发地交给了李四光，然后扭身走了。李四光和许淑彬两人没有海誓山盟，却很快走进了结婚礼堂。他们相敬如宾，开始了共同的人生旅程。1923 年 1 月 14 日，李四光与许淑彬在北京喜结良缘。

许淑彬爱弹钢琴，而李四光会拉小提琴，1920 年他曾在法国创作《行路难》一曲，是第一首由中国人创作的小提琴曲，夫妇二人琴瑟和谐，相濡以沫。婚礼上，蔡元培先生充当证婚人，丁燮林、王世杰、陈西滢、凌叔华等人都来参加婚礼。李四光结束了单身生活。

严师慈父

1923 年 3 月的一天李四光的独生女儿出生了。她出生在父亲刚刚度过 34 岁生日的第五天。按照李氏家谱，李四光给排为“熙”字辈的女儿取名熙芝（后改为李林）。

李四光很爱他的女儿。幼年的熙芝美丽聪明，可就是身体娇弱，小时候经常肚子疼。李四光一回到家，就很疼爱地把她抱在怀里，一边还忙着写文章。这样在看孩子的同时，又做着学问，真是家事国事两不误！

当时，熙芝的母亲在北大女子附中教钢琴，因此，幼年的熙芝受到了母亲在音乐和语言方面的熏陶。母亲的意愿是希望女儿在钢琴方面有所发展，无奈的是，父亲经常挂在嘴边的那些冰川、化石、显微镜等似懂非懂的名词对小熙芝有着更大的诱惑力。6 岁那年，熙芝的左手食指长了一个疮，伤愈后指头明显短了一截。从此，钢琴对于她便成了业余爱好，科学却潜移默化在她的心底扎下了根。

熙芝很小的时候，李四光在学习上对她要求极为严格，时常教育她要读好书，并尽力给她提供较好的学习条件。他常对熙芝说："爸爸只有你一个孩子。我不讲男孩女孩，只要读好书，就是好孩子。小时把书读好了，长大了才有作为。"

李四光虽然喜欢独生女儿，但因为他选择的事业经常要风餐露宿，所以能真正和女儿在一起共享天伦之乐的时候并不是很多。小时候，熙芝最盼的就是很冷很冷的冬天或很热很热的夏天。只有在这种时候，父亲才不出去考察，她才能有更多的机会见到父亲。不考察的时候，李四光常常会左手把女儿揽在怀中，右手拿起笔继续不停地写他那些似乎永远也写不完的文章。小熙芝好想和爸爸无忧无虑地玩玩呀，可惜爸爸总也抽不出身。

女儿对父亲的最大印象就是工作，父亲是全身心地投入工作。"他在北京大学当地质系主任时，有一次他坐在显微镜前已经很晚了，我去叫他吃饭，他从显微镜上抬起头看我站在那儿，就问你是谁家的孩子啊，这么晚怎么还不回家，你妈妈会想你的。我就笑，我是你的孩子啊，请你回家吃饭呢！那时我只有 5 岁。我们住在景山东街的一个小院子里，父母都上班，就把我一人放到家里，也不雇保姆，爸爸说那是剥削。我就和附近的人交朋友了，交警、环卫工人、邻居、小贩们都是我的朋友。"

熙芝改名为李林是在她上初三的时候。时值抗日战争爆发，她随父母辗转到了桂林。桂林的初中似乎很难满足小熙芝的求知欲，因此她决定提前报考高中。但按当时规定，没毕业的学生是不能报考的。熙芝在报名时灵机一动，用了母亲名字的“彬”字右半边“林”，给自己改名为李林。巧合的是，她父亲李四光的名字也是在报考学校时改的，改名时也是14岁。父女俩相隔34年改名的轶事后来成了李家的一段趣话。

进入20世纪50年代，李林早已成人。李四光对女儿的爱心仍不减当年。李林上班的地点离家较远，每星期只有周末才能回家。为了早点见到女儿，每到星期六的下午，李四光就从家中走出，穿过田野和松林，走到紫竹院，坐在公园的长椅上，静静地等候。有时，李林坐的汽车在路上耽误了时间，李四光的心里就不安起来，生怕女儿在途中发生意外。每当女儿出现在面前时，他又仿佛回到了许多年前，像看女儿放学回家一样，心中充满爱意与喜悦。父女边走边谈，其乐无穷。无论冬夏，他都如此。李林的言行、思想深受李四光的影响，后来，她能成为物理学家、学部委员，除了她的天赋和努力外，李四光的教育和影响也起了重要作用。

罕见的院士之家

在中国，夫妻同为全国政协委员的家庭虽然为数不多，但还称不上罕见；夫妻同为中科院院士的家庭虽然罕见，但也称不上绝无仅有。但在偌大的中国，一家三个院士，又同为政协委员的家庭只有一个，那就是李四光和他的女儿李林、女婿邹承鲁。

当年只为孝顺，想当医生的李林成了金属物理学家。16岁那年，李林又一次跳级考取贵阳医学院时，她的母亲无论如何也不放心独生女儿远离自己，坚持让李林就近到广西大学读书。李四光支持妻子的意见。广西大学没有医学系，那该让李林学什么呢？李四光认为地质学不适合女孩子，就鼓励李林学机械，于是李林就成为广西大学机械系里唯一的女生。当时李林对机械并不感兴趣，但她是出于一份孝心，只好遵从父母之命。

广西大学毕业后，李林获得英国文化委员会的奖学金，走进了父亲李四光曾经留过学的伯明翰大学深造。在第二次选择专业时，她征求父亲的意见。从事了一辈子地质力学研究的李四光希望女儿在力学方面也能有所造诣，就建议李林专攻弹性力学，翻译成英文应为 Elasticity。谁料秘书发信时不小心将 E 错打成 P，一字之差，使得英语的弹性力学变成了塑性力学，于是李林就开始涉足物理冶金方面的研究。

许多年后，李林回忆说，我这一辈子许多事都是出于偶然：如果不是因为手坏了，可能学了钢琴；如果不是因为母亲的不舍，可能去学医了；如果不是因为秘书打错了一个英文字母，也不可能从事今天的专业。

经过刻苦攻读，一年半后，李林以优异成绩拿到了硕士学位，同时，她凭着自己的努力争取到了一份奖学金，开始在剑桥大学攻读物理冶金博士，成为中国第一个用透射电子显微镜研究金属材料的显微结构和性能的科学家。

在剑桥，李林认识了后来与她相濡以沫长达半个世纪的伴侣邹承鲁。邹承鲁是江苏无锡人，1945 年毕业于西南联大化学系，次年，他以中英庚子赔款公费留学化学类考试第一名的成绩被剑桥大学录取，直接攻读生物化学博士学位。

邹承鲁是个耿直、坚毅而成就斐然的学者，1951 年回国后，他一直从事酶学工作，取得的成就为国际所关注。

有一次，在剑桥同学的聚会上，李林和邹承鲁合唱了一曲《松花江上》，优美的歌词和悲怆的曲调激起了他们对祖国的思念。共同的理想和相近的专业使得他们的友谊与日俱增。终于,在一个皎洁温馨的月夜,邹承鲁勇敢地向李林吐露了埋在心底多日的愿望,两双年轻的臂膀紧紧地挽在了一起。李林和邹承鲁的爱情真挚而热烈,虽然他们各自的学业都很忙,却以学子的独特表达方式传达着爱的信息。

李四光很欣赏独生女儿的眼光,十分喜欢思维缜密、学业奋进的邹承鲁。1949 年 8 月 25 日,在博恩毛斯海边,伴着海浪的鸣奏,他亲自主持了这对年轻人的婚礼。作为慈爱的父亲,李四光祝福他可亲可爱的女儿和值得信赖的女婿能够白头偕老、终身幸福。

新中国成立后,父亲回国了,李林和邹承鲁继续留在英国完成学业。没有什么惊天动地的誓言,他们都早已自自然然地决定:学成后要立即加入到新中国建设者的行列之中。1951 年 6 月,邹承鲁获得博士学位,他以男子汉的果敢告别了新婚不到一年的妻子独自回到祖国,在上海的生理生化所开始了新中国酶学研究的奠基工作。

李林只身一人在异国苦读,但她早已设计好了回国的时间和路线。金秋十月的最后一天,是李林的 27 岁生日,也是她要进行博士论文答辩的日子,归心似箭的李林早已订好了第二天回国的船票,她收拾好一切行装只待答辩后立即踏上归程。

对于李林来说，富有戏剧性的是，她的答辩虽然通过了，但博士学位证书却是在30年后才到自己手中。原来，英国的博士证书需要交10英镑费用，尽管李林提前给学校开了一张支票，但学校没有及时去取，而她的银行账户又已撤销，所以学校没能如约给她寄博士学位证书。直到1981年，李林的导师纳丁教授来华访问，才为她带来了那份久违的证书。但令李林和邹承鲁夫妻感到好笑的是，证书上填写的日子是1981年10月31日，距她通过博士论文的日子整整相差了30年。

李林、邹承鲁相继学成归国。李林回忆说："那个时候，党叫干啥就干啥。新中国需要钢铁，我们就搞钢铁研究，在中科院上海冶金所一干就是8年，我们的球墨铸铁研究在1956年首次获得全国自然科学奖，新华社还报道了。我们一起的三位女科学家还荣获上海市三八红旗手称号。"

20世纪50年代中期，中国要搞原子弹。1956年8月，核物理学家、中国科学院院士钱三强约见李林："我国要发展原子能事业，需要从事材料科学研究的专家，这样还可以把你们调到北京，和父母在一起。"

直到1958年，李林所从事的重水反应堆和回旋加速器建成后，李林才调到北京，任物理所金属物理研究室副主任。当时，邹承鲁也可以一同调回北京，但他舍不得放弃已经初见成果的酶学研究，为了祖国的需要，夫妻俩开始了长达 12 年天各一方的两地分居生活。李林从此开始了她的原子能研究工作，这项工作有核辐射，按说不宜女同志做，但李林响应党和国家的号召，“哪里需要哪里搬”。

这也是她一生中几次改行之一。条件不足，半路改行，她全心投入到了这个新的研究领域中，学俄文，请专家来讲课，多次往返于北京和包头之间，因为当时金属铀在包头生产。“那个领域那时候不能发表论文，很多人的很多工作都是默默无闻的。”在“文革”中，李林还参与领导建成了我国第一个大型材料热实验室。

直到 1970 年邹承鲁调往北京，一家人才结束了 12 年的分离。

1971 年 4 月下旬，李四光先生因感冒发烧住进了北京医院，此时李林被下放到一家工厂接受改造。望着病中还坚持工作的父亲，李林决计趁自己难得的这段“空闲”好好服侍服侍他，于是就每天晚上睡在病房的沙发上陪伴父亲。4 月 29 日清早，李林和父亲说了几句话就准备去上班。单位路远，她又是个下放改造的“臭老九”，为了不迟到，她必须每天早上6点就出发。

“你的晚饭在哪儿吃呀?”看着匆匆忙忙的女儿,李四光关心地问。

“吃饭还不简单,在哪儿吃都行。”李林一面不经意地答着,一面向病房门口走去。此时,她全然没有想到这是她和父亲的最后对话。

上午,工厂派李林出去买些东西,回来时,李林却发现班长的脸色有些异常。“有电话叫你赶快去医院……”没等班长话说完,李林已经飞身跃上了自行车,班长随后喊的那半句“有车来接你”早已被她抛在了脑后。李林上气不接下气地赶到医院,见到医生护士的脸色都很紧张。母亲也被接来了,但医生不让她进病房,吴有训夫人和竺可桢夫人在一间空病房中陪着她。顾不上看一眼母亲,李林默默地走进父亲的病房,见到昏迷之中的父亲脸上蒙着氧气罩静静地躺在床上。有人悄悄告诉她,她父亲体内存在了多年的动脉瘤,她走了两个多小时就破裂了。

北京医院最好的医生都赶到了病房,医生们决定马上给李四光施行手术。通过长长的走廊,李林看到吊着输液瓶的父亲躺在平车上被推进了手术室,这是父亲留在她脑海中的最后印象。中午12时整,手术室的门开了,医生和护士们低着头慢慢走了出来。吴阶平大夫走到李林身边沉痛地说："我们的科学水平还不够，没办法把李老抢救过来……"瞬间，泪水涌上了李林的眼帘。

听到岳父突然去世的消息，邹承鲁简直难以置信。尽管已经当了 20 多年的李家女婿，但他和岳父生活在一起的时间并不长。调回北京后，他每天晚饭后陪老人出去散步。老人出门都离不开三件东西：一张小板凳、一个小本子和一支笔。通常，李四光是一面走一面想事儿，走累了就坐在小板凳上掏出小本子记下刚才想着的事儿，因此，和女婿的交谈也不是太多。邹承鲁还在想着多向岳父学点什么，却没想到没有最后的遗言，没有最后的会面，老人这么快就离开了人世。

经过了年复一年的拼搏，李林和邹承鲁可以告慰父亲李四光的是，他们在各自的学科中都硕果累累、桃李满天下。在邹承鲁和李林看来，唯有工作才能带给他们生命中最大的乐趣。

1972 年，已近半百的李林第三次服从国家科研任务的需要，改行从事超导材料的研究工作。超导材料研究是世界尖端科技，它寻求某种在超低温下的阻力近乎为零的导体。这在节能等方面有很强的远景应用意义。

李林的学生们一个个都走向了工作岗位、走向了世界，而她还在科学的高峰上攀登。学生们一律称她为"李先生"，称呼中无不流露出对她的爱戴和尊敬。

"李四光的姐姐，就是我的亲姑姑——李希贤，如今还健在，105 岁，他们兄弟姐妹共 7 个，而我是独生女，我也只有一个女儿，但女儿有两个儿子，我很高兴，我跟别人说，这正好补上了。"李林对两个外孙的喜爱溢于言表，甚至把他们的照片放在办公室里。李林在"文革"前就是第三届全国政协委员，"文革"后是第五、六、七、八届全国政协委员，她丈夫邹承鲁先生是第八届全国政协常委，中科院院士。

李四光是院士，女儿李林是院士，女婿邹承鲁也是院士，一家三人同为院士在中国科技界仅此一例。

著名科学家李四光的一生，是伟大的一生，光辉的一生。从小他就立下了"科学救国"的志向，但现实是残酷的，当这种理想变成幻想时，他才渐渐认识到新民主主义革命和社会主义革命的必要性。因此，当他受到祖国人民的召唤时，就毅然投身到社会主义建设的洪流中，把他的科学知识和毕生心血毫无保留地贡献给了祖国和人民。在科学研究中，他注重实地调查，决不迷信"权威"，不为已有学说所惑，敢于向传统地质学提出挑战，提出了生物蜓科的新的分类方法，创立了中国第四纪冰川学和地质力学，为中国的地质事业做出了卓越的贡献。

在北京，李四光的旧居建成了李四光纪念馆，人们可以在这里看到丰富的资料和地质标本。国家每两年一次的"李四光地质奖"激励着地质工作者在地质科研、考察和教学方面努力探索。李四光和鲁迅、蔡元培、孔子等40位中华文化名人的雕塑还将"落户"中华世纪坛，在这个"国家先贤祠"里，供全国人民瞻仰纪念。

李四光的一帧帧画像，更是同孔子、牛顿、爱因斯坦等教育家、思想家、科学家一起，走进了神州大地的中小学校，在莘莘学子中竖起了无数心碑，成为千百万青少年的人生楷模。